LA MELIZE

PASTORALE COMIQVE.

Par le Sieur DV ROCHER.

Auec vn Prologue Facecieux.

A PARIS,

Chez IEAN CORROZET, au Palais sur le Perron de la Saincte Chappelle.

M. DC. XXXX.

Auec Priuilege du Roy.

A MADAME LA DVCHESSE DE MONTBAZON.

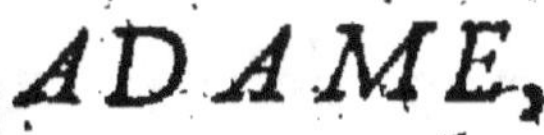

M*ADAME*,

Quelque vanité dont la Princesse Melize flatte ses perfections, elle aduouë neantmoins qu'elle n'eust osé jamais paroistre à vos yeux, n'eust esté l'expres commandement qu'elle en a receu de vostre bouche, & la creance qu'elle a que ses appas ne seruiront qu'à donner du lustre aux vostres, s'imaginant qu'on iuge mieux de l'excellence d'vne beauté par la comparaison d'vne moindre : Elle en pourroit publier les ad-

uantages par les mesmes Eloges, dõt ses Amants ont si passionnément vanté la sienne durant le cours de ses chastes aduentures, mais elle n'ignore pas combien vous est impertun, le recit de vos propres loüanges & principalement de celles qui n'ont qu'vn object dont le temps peut triompher, & n'a pas encore si peu veu la Cour qu'elle n'ait ouy la renõmée publier par tout vostre modestie & ceste vertueuse maxime que vous obseruée, qu'il vaut mieux en meriter l'honneur que d'en escouter le recit. Vous remarquerez en elle des qualitez & des vertus que vous possedez la premiere & vous ne loürez pas moins sa constance & sa resolution, que le dessein de celuy qui vous l'offre qui est,

MADAME,

Vostre tres humble & tres-obeyssant seruiteur.
R. M. DV ROCHER.

ARGVMENT.

CErtains Pyrates auoient pris sur le bord de la mer vne ieune fille, & l'auoient presentée au Roy d'Arcadie, elle estoit fille du Roy d'Elide ; sujet pourquoy ce Prince ayant sceu sa prise mit vne armée sus pied & le bon-heur seconda tellement ses armes, quil contraignit toute l'Arcadie de receuoir ses loix & le Roy mesme de s'enfuir dans vn bois, & de viure là solitaire : mais auparauant sa fuitte il auoit donné vn fils & vne fille en l'aage de trois ans auec des enseignes pour les reconnaistre à vn sien confident qui les porta au plus proche village, & leurs fit changer de non & d'habit, cette ieune beauté cause de toute cette guerre y fut porté auec eux, auec vn anneau au doit pour marque de son extraction. Ces ieunes Soleils commençant à croistre, la beauté & la grace croissoit pareillement auec eux si bien que insensiblement le ieune Florigene ayma la Princesse d'Elide quon appelloit Melize, & fut reciproquement aymé d'elle ; & de sa sœur Elianne a qui l'on auoit donné le nom de d'Elphire, cette Princesse ne la connaissant point s'enflamma tellement de sa bonne grace, quelle fit tout son possible pour tascher à destourner son affection de Melize, mais voyant le peu de fruit qu'elle faisoit, elle sceut si bien conduire son dessein qu'elle obtint vne lettre d'vne Bergere du mesme village nommée Orante passionnée de ce mesme Prince, qu'il luy auoit enuoyée plustost par ciuilité que pour tesmoignage d'amour, & fit si bien que par le moyen de deux Bergers, Clitimant & Melinte qui souspiroient pour ses perfections, qu'elle fit croire à Florigene par vne lettre que Melize auoit faite pour Melinte, qui depuis peu l'auoit esleuë pour maistresse, que Melize ne l'aimoit plus, & en mesme temps aussi persuada à cette innocente Princesse, que Florigene estoit infidelle, au moyen de la lettre quelle auoit eue d'Orante qu'elle luy fit tenir. Cette ialousie reduisit Florigene en tel point que sans s'informer de la verité il se donna tout à faict à d'Elphire; & ce par vne inuention qu'Orante auoit pratiquée pour se faire aymer de luy. Cela fut cause que Clitimant & Melinte desesperez de pouuoir flechir leurs maistresses, se resolurent à les enleuer, & de fait ils eussent fait reussir leur dessein, n'eust esté deux Gentils-hommes qui estoient venus pour chercher Clitimant qui estoit le ieune Roy d'Elide, & d'Arcadie par la mort de son pere, ce secours inopiné fut cause que tous ces Princes furent reconnus, le vieil Roy d'Arcadie remis en son Royaume, Florigene espouze de Melize, & Clitimant & Melinte trouuerent la fin de leurs disgraces dans la possession de d'Elphire & d'Orante.

A MONSIEVR DV ROCHER, sur sa Pastoralle.

VOyant ces Bergers Inconus,
Auoir vne humeur si courtaise,
Et bien qu'ils soient en France encore nouueaux venus,
Sçauoir parfaitement nostre langue Françoise
Leur grace est sans comparaison,
Et ne sçay trouuer de raison,
Qui m'empesche que ie n'admire,
Et voyant tous mes sens de merueilles esbahys
Ie croy asseurement que dedans leurs pays,
La terre ne produit que des fleurs de bien dire.

P. De Bussy.

A MONSIEVR DV ROCHER, ſur les beaux vers de ſa Melize, ou des Princes recogneus.

ESprits louches & de trauers
Qui trouuez par tout à redire,
Auant que d'entreprendre à lire
Vn œuure ſi parfait en vers,
Tenez pour vne choſe ſeure
Qu'on le ſoumet à la cenſure,
Des iugemens les plus diuins,
Qui puiſſent florit en cét aage.
Mais pour vos ſentiments mal-ſains,
Approchants du Rocher qu'ils gardent le naufrage.

I. M.

SVR LES PRINCES RECOGNVS de Monsieur du Rocher.

CHer amy bien que ton histoire
Par mille trauerses d'Amour,
Descouure le sang & la gloire,
De ces Princes fameux que tu fais voir au iour,
Toutefois quelque nom que leur gloire t'aporte,
Tu leur fais tort en quelque sorte ;
De les descouurir à nos yeux,
Car il est impossible en lisant ton ouurage,
Qu'on ne les prene pour des Dieux,
En leur oyant parler vn si diuin langage.

C. Desmarests.

PROLOGVE.

RIen, rien, ie ne le feray pas, ie n'y suis pas tenu, bien que pour ce faire ie sois assez fourny de fil & d'iaguille. Voulez vous sçauoir mes Dames, le sujet de ma iuste cholere? c'est que mes confreres soustiennent par vne infinité de beaux argumens, que ie suis tenu de vous le faire, que ma qualité m'y oblige: bref qu'il faut que ie vous le face: Et bien il n'y a remede, puis que vostre merite & mon deuoir me solicitent de vous le faire pour la descharge de ma conscience ie vous le feray donc. Que la sueur ne vous monte point sur le front, mes Dames, i'entends le Prologue, pour ce que n'ayant pas assez de matiere pour le reste, il faudroit cotter en marge *defficit*, & serois en fin cõtraint de renoncer à faute de jeu & de triomphe: Mais il y a bien des nouuelles, car ie ne sçay dequoy vous entretenir; d'ailleurs si ie viens à me desdire, vous m'allez appeller Normand à grand ressort, bien que ie n'aye rien en ce pays là. Pour euiter tout inconuenient, il vaut donc mieux vous entretenir de quelque chose : mais dequoy ferace ? de Rien : Quel fera donc le fujet de mon difcours ? Rien : On dit qu'à rien ne faut point de faulce ; mais ie vous veux bien monitrer que Rien eft vn grand Seigneur : Bref que c'eft le Prince & le periode de toutes chofes. *Primo*, qui eft plus grand que tout le monde ? Rien : Dequoy a-il efté creé ? de rien : Qui eft plus blanc que la neige, & plus chaud que le feu ? Rien : Qui eft plus leger que l'air ? Rien : Qui eft plus fouhaitable à vn affamé qu'vne table garnie de toutes fortes de mets ? Rien : Qui eft plus delectable en la vie de l'homme que la iouïffance d'vne belle fille ou femme ? Rien : Rien eft la viande la plus aggreable que l'on puiffe prefenter à vn malade : car fi vous luy prefentez quelque boüillon reftoratif, il le refufera fronçant le nez comme vn Rhinocerot : mais fi vous perfiftez à luy demander que voulez vous donc manger ? Monfieur Rien. Tellement que vous voyez que rien eft la plus rare chofe puis que mefme on le defire à l'extremité de la mort. Or voila Monfieur du Rien affez efleué : il faut maintenant oppofer des raifons pour monftrer qu'il eft fi petit compagnon qu'il eft fuy & mefprifé d'vn chacun. Que trouuez vous de plus petit au monde qu'vn ciron ? rien : Qui a-il en ma bource ? rien : Rien tout à vn temps ſe trouue en beaucoup de lieux, meſmes iuſques dans les eſcuelles des gueux : car apres qu'ils ont mangé leur ſouppe, qui demeure dedans? rien: Tout de meſme d'vn Yurongne quand il a vuidé ſa bouteille que trouue-il dedans ? rien: Qui eſt plus traiſtre qu'vn pet ? rien : car il ſemble prendre ſa viſée aux tallons, & neantmoins frappe droit au nez : Si quelque gros vallet frottant ſa brayette cõtre le buſc de quelque chambriere eſt ſurpris ſur le fait par ſon maiſtre, & qu'il vienne à luy demander que fais-tu là? rien: Mais le plaiſir eſt quand on voit porter au bout des neuf mois le petit Monſieur Rien en corps & ame aux fonds baptiſmaux : finalement & pour conclure vous voyez que rien eſt le commancement & la fin de toutes choſes. Ces raiſons me ſont venues fort à propos pour ſortir du dedalle où i'auois deſ-ja l'vn des pieds, par le moyen de l'entretien auquel vos courtoiſies m'obligent. Le champ de mes inuentions eſtant ſi ſterile que s'il n'eſt arrouſé des douces liqueurs de voſtre bien-veillance, il eſt difficile qu'il puiſſe produire des fleurs dignes de vous eſtre offertes : Philippot viendra incontinent, qui ſe promet ſous l'aſſeurance de voſtre ſuppleement de vous faire rire & plorer tout enſemble, à fin que la moderation de l'vn temperant la violence de l'autre, il vous en ſuccede vne alteration qui ſollicite à l'adueu de la partie affectée, la liberalité de vous faire gouſter ce ſoir du plus doux Nectar qui ſoit dedans vos caues, le tout afin de deferer à Bacus l'honneur attribuable à ſa Deité & qu'il me reſte vos bonnes graces pour y offrir les victimes de mon tres-humble ſeruice.

LES ACTEVRS.

FLORIGENE, fils du Roy d'Arcadie Berger Inconnu,

MELIZE, Princesse d'Elide, Bergere Inconnue.

CLITIMANT, fils du Roy d'Elide Pasteur estranger.

MELINTE, Berger,

DELPHIRE, sœur de Florigene, Bergere Inconnue.

ORANTE, Bergere,

CLIDOR, vieil Pasteur & Pere putatif de Florigene.

PERSIDAS, vieil Gentil-homme d'Arcadie.

ROZANDRE, Gentil-homme d'Elide.

CLORANGE, Roy d'Arcadie.

LA MELIZE OV LES PRINCES RECONNVS.

Poſtorale Comique.

ACTE I.

SCENE PREMIERE.

Florigine. Melize.
Florigene ſeul.

Ve le iour eſt tardadif à paraiſtre en ces lieux
Et qu'vne courte nuit ſemble longue à mes yeux,
Ie croy que le Soleil endormy deſſous l'onde,
A perdu le ſoucy de viſiter le monde:

Mon œil impatient de reuoir la clarté.
Ne croy pas voir la fin de cette obſcurité,
Et dans l'eſpoir que i'ay de la voir terminée
Vn moment m'eſt vne heure, & la nuict vne année,
As! qu'on deſire bien de receuoir le Soleil,
Quãd on ne peut gouter les douceurs du ſommeil
Et qu'vn eſprit endure vn ſenſible martyre
Lors que la nuit differe vn bon-heur qu'il deſire,
Mais qu'vn iour eſt propice a ſa felicité,
Dans l'aimable entretien d'vne chaſte beauté,
O nuict que i'eſprouuay iadis ſi fauorable,
Quand ie pouuois gouſter vn ſommeil agreable;
Deeſſe du repos au point ou ie me voy,
Ne reſerueras tu des trauaux que pour moy.
Fais donc que tes flãbeaux acheuẽt de nous luire,
Et ceſſe d'eſclairer en ceſſant de me nuire;
Mais le viſible effet que produiſent mes vœux,
Le Ciel peint ſon azur des couleurs que ie veux.
Et la nuit qui commence à replier ſes voilles
Prend en ſe retirant la couleur des eſtoiles.
Les oyſeaux font deſia leur concert innocent
Et ſaluent icy le point du iour naiſſant,

L'ombre

L'ombre ſe diminuë & déja la lumiere!
Remettous les obiets dans la beauté premiere,
Et la Lune qui fuit en acheuant ſon tour,
Semble paſlir de crainte à l'approche du iour;
Melize, vnique obiet dont mon ame eſt rauie,
Quel Dieu dans le ſommeil te retient aſſeruie,
L'aurore qui te croit comme vn nouueau Soleil,
Pour acheuer ſon cours n'attend que ton reſueil,
Et ces champs qui ſont peints d'vne couleure obſcure
Aux attraits de tes yeux reprendront leur verdure,
L'eſclat de tes beautez fera ſecher mes pleurs,
Que l'aurore a verſé ce matin ſur les fleurs,
L'aube te ſemble dire auec moy que tu viennes,
Puisque tu peux tarir ſes larmes & les miennes:

Melize entre.

Mais, ô fleurs ouurez-vous maintenant à nos yeux
Le bel œil de Melize approche de ces lieux;
Et vous petits oyſeaux voyãt tant de merueilles,
Qui me charment les yeux rauiſſés ſes oreilles,

Il parle à elle.

Beaux yeux dont le pouuoir est tousiours sans pareil,
Qui commencés de luire auecques le soleil,
Enfin vous faites naistre aux rais de vostre flame
Les fleurs en ce boccage & le iour dans mon ame.

Melize.

Mon fidelle est-ce ainsi que tu me veux traiter,
Et n'es-tu mon amant qu'afin de me flatter.

Florigene.

Aymant comme ie fais, mon amour est extréme,
Hé n'est-il pas permis de loüer ce qu'on ayme,
Mon ame sent vn mal qu'elle ne peut celer,
Et ie sçay mieux cherir que ie ne sçay parler.

Melize.

Ne dis plus que l'amour trauaille ta pensée,
Quand on parle si bien l'ame n'est point blessée;
Et quelque excez de mal que tu feigne icy,

Il t'afflige bien peu quand tu le plains ainsi,
Cesse de m'esprouuer beau Pasteur ie te prie,
Auiourd'huy l'on se fait aymer par flatterie,
Et tel qui par amour n'auoit sceu prendre vn cœur
Auec ses beaux discours s'en est rendu vainqueur.

Florigene.

Mauuaise en inuẽtãt tous ses suiets de craindre,
Vostre rigueur m'en donne vn trop vray de me plaindre,
L'on voit trop auiourd'huy de beautez se priuer,
De leur plus cher amant feignãt de l'esprouuer,
Pour conseruer tousiours sur mon cœur vostre empire,
Ayez soin seulement de flatter mon martyre.

Melize.

Ah! ne t'offence point, mon cœur ce que i'ay fait,
N'estoit rien que pour voir.

Florigine.

Si i'aymois.

Melize.

En effet.

Mais puis que mon dessein choque ta patience,
Ie n'esseray iamais de cette experience,
Et ie sçauray bien-tost si tu flattes à tort,
Dis moy ce qui te porte à me cherir si fort.

Florigene.

Les charmes rauissans qui sont en ce visage,
Sont les fers glorieux ou mon ame s'engage,
Tes yeux sont bien l'obiet de mon affection,
Mais i'aime ton humeur auecques paßion.

Melize.

Tu ne m'aimes dõc point d'vn amour veritable,
Et mon humeur à part ie n'ay rien d'agreable,
Mais si tu me cheris d'vne esprit si constant,
L'amour m'oblige aussi d'en tesmoigner autant.

Florigene.

Ma constãce exceptée & mon ardeur extrême,
Ie ne possede rien qui merite qu'on aime;
Et meritant si peu mon esprit ne voit rien,
Qui vous puisse obliger a me vouloir du bien.

Melize.

La grace & les attraits qui sont en ce visage,

Sont les douces priſons ou mon ame s'engage,
C'eſt bien là le ſuiet de mon affection,
Mais i'ayme ton humeur auecques paßion.

Florigene.

Sans qu'icy tout le iour ce doute nous retienne,
Il faut que l'eſperance enfin nous entretienne,
Le temps que nous perdons peut nous ſeruir ailleurs.
Et nous deuons auoir des entretiens meilleurs.

Melize.

Ie croy que ton eſprit peut auoir connoiſſance,
Cõbien tõ cœur ſur moy s'eſt acquis de puiſſance,
Laiſsõs le doute à part, & qu'vn libre entretien
Soulage eſgalement mon amour & le tien;
Et cherchons dans ce bois vne place ſi ſombre
Que l'on y puiſſe voir le Soleil qu'en ſon ombre.

Florigene.

Pour ne point expoſer ton viſage aux chaleurs,
Allõs pres ce ruiſſeau nous aſſeoir ſur les fleurs,
Ou cét ombrage fait par la main de nature,
Conſerue pres de l'eau l'eſmail de la verdure.

Melize.

Puiſque l'occaſion s'offre à ta paßion,

Parle moy seulement de ton affection,

Florigene.

Estant venuë au point de ne pouuoir plus croi-
stre,
Au lieu de t'en parler ie te la fais paroistre,
Ton visage est parfaict, mais ma fidelité,
Peut disputer le prix auecques ta beauté.

Melize.

Si ma bouche pouuoit te faire voir ma flame,
De la mesme façon que ie la sens dans l'a-
me,
Tu verrois qu'en t'ymant (quoy qu'il se puisse
offrir)
Ie ne puis exprimer ce que ie sçay souffrir.

Florigene.

Ainsi qu'apres les biens les malheurs s'entresui-
uent,
I'ay peur que les destins de ta grace me priuent,
Au moins ay-ie suiet de le craindre.

Melize.

Comment

Doutes tu que ie t'ayme encore.

Florigene.

Nullement,
Mais ie voy que i'auray mille peines diuer-ses,
Dans le ſoing d'éuiter les cruelles trauerſes,
Que l'amour me prepare.

Melize.

Acheue mon Berger,
Et ne me celes rien ſi tu veux m'obliger.

Florigene.

Que ne diray-ie point, pluſtoſt que puis-ie dire,
Le Ciel veut m'affliger dans l'amour de Del-phire,
Car mon œil innocent autant que malheureux,
Luy donne à mon ſuiet vn tourment amou-reux,
Et mon malheur qui rend ma peine differente,
Veut que ie ſois encore importuné d'Orante,
Mon cœur ie t'ay voulu là deſſus conſulter,
Afin de preuenir ce mal ou l'euiter.

Melize.

Continuë au deſſein de ma perſeuerance,
Et flate cependant leur amour d'eſperance,

Voila le ſeul moyen que ie treuue à propos
De te mettre hors de peine aſſeurant ton repos,
Mais prẽs garde en ioüant cette feinte nouuelle,
De te laiſſer ſurprendre & de m'eſtre infidelle.

Florigene.

Tu m'offence à tort, briſons là deſormais,
Autre obiet que le tien ne me vaincra iamais,
C'eſt toy qui peut cauſer ou ma ioye ou mes peines.

Melize.

Berger tu m'en fait voir des preuues trop certaines.

Florigene.

Tu ne ſcaurois douter de mes affections,
Sans douter du pouuoir de tes perfections,
Car n'ayant point d'amour s'il n'eſt du tout extréme,
Ie n'ayme auſſi iamais qu'vne beauté de meſme.

Melize.

Si tu n'aimes que moy ſcache auſsi que mon cœur
Ne recognoiſt iamais que ſon premier vainqueur,
Et croy dans ton amour (quelque grand qu'on le faſſe)

Que ie t'esgalle bien si ie ne te surpasse.
Adieu, car il me faut retourner au hameau,
I'ay quitté pour te voir le soin de mon troupeau;
Mais ie pourray tantost l'amener dans ces plei-
nes.

Florigene.

I'auray donc le bon-heur de t'y conter mes pei-
nes.

Elle s'en va.

Tandis, puis-ie sans cœur estre exempt du tres-
pas
Et puis-ie voir le iour ou mon Soleil n'est pas.

ACTE I.

SCENE II.

CLITIMAANT, MELINTE.

Clitimant ſeul, tenant le portraict de Delphire.

EN fin le iour paroiſt au ſommet des montagnes,
La nuict & le ſilence ont quité les campagnes,
Le Soleil eſt ſorty de ſon humide lict,
L'aurore eſt toute rouge & la Lune paſlit,
Toutefois quelque effet que produiſe ſa flame,
On voit le iour par tout excepté dans mon ame,
Adorable portrait d'vne chaſte beauté,
Temple de la rigueur & de la cruauté,
Beaux yeux flambeaux d'amour, merueilles de nature,
Tyrans qui n'eſtes doux ſeulement qu'en peinture,

Obiet le plus charmant que la nature ait fait,
Colombe en apparence & tigresse en effet,
Mais cesse de vomir ces blasphemes sans nombre,
Et ne fais point icy tes plaintes à son ombre,
Tu fais à ce portrait des regrets superflus,
Parlant d'vn insensible, à qui l'est encor plus,
Non, non, bien que ie n'aye en ma perseuerance,
Autre bien de l'amour que la seule esperance,
Et qu'vn portrait ayt peu tellement me changer,
Que d'vn puissant Monarque il m'ait rendu Berger,
Et deust sa rigueur estre encore plus estrange,
Si ce n'est des habits iamais ne cours au change,
Et ne luy cache rien dans ton affection
Que l'esclat seulement de ta condition,
Ma curiosité qui va iusqu'à l'extréme
Est cause que l'amour me dompte par moy mesme;
Mon esprit qui se plaist dans les diuersitez,
Voulut voir en portrait les plus rares beautez,

Et parce que l'on voit à la Cour les plus belles,
Manquer le plus souuët de beautez naturelles,
Ie fis portraire au vif par expres mandement,
Tout ce que la campagne auoit de plus charmant,
Mais voicy la merueille & la plus rauissante,
Comme l'vnique obiet de ma flame innocente,
La blancheur de l'habit comme ie le voy peint,
Ne se peut comparer à celle de son teint,
Et ce n'est point à tort que mon œil s'imagine,
Sous le nom de Delphire vne beauté diuine,
Mais vois-ie pas celuy dont la temerité,

Melinte entre.

Pour aymer ses attraits passe à l'extremité.

Melinte.

Dieux! voicy mon riual dedans cette prairie,
Il me faut diuertir vn peu sa resuerie.

Il parle à Clitimant.

Tu n'es pas seul, amour te donne trop de soins,
Et quand tu le crois estre alors tu l'es le moins.

Clitimant.

Ie te iure Berger que mon ame bleßée,
Dessus ce beau portrait entretient ma pensée.

Melinte.

Le suiet le merite & ses perfections,
Font peut estre l'obiet de tes affections.

Clitimant.

Delphire à tant d'appas que ie tiens impossible,
Qu'vn cœur n'en soit atteint s'il est vn peu sensible.

Melinte.

Parlant comme tu fais de Delphire en effet,
Il faut que tu luy sois obligé d'vn bien fait.

Clitimant.

Regarde ce portrait & croy sans ialousie,
Que c'est gage d'amour & non de courtoisie.

Melinte.

Elle t'en fit present sans l'auoir merité,
Ou tu l'obtins plustost par importunité.

Clitimant.

Iuge plus sainement & croy que cette belle,
Cognoist que ie suis moins importun que fidelle.

Melinte.

Delphire asseurément ne t'a point obligé,
Elle l'a fait expres pour te donner congé.

Clitimant.

Comme dedans mon cœur ſon image eſt gardée,
Mon œil dans ce portrait voit touſiours ſon idée.

Melinte.

C'eſt en vain que tu veux employer tes efforts,
Tu n'as que le portrait dont vn autre à le corps.

Clitimant.

Qui que ce ſoit, icy ne peut m'eſtre contraire,
Et ie ne ſçache aucun qui l'oſe iamais faire.

Melinte.

O! le plus abusé de tous les amoureux
Depuis peu ce portrait t'a fait bien valeureux.

Clitimant.

Indigne d'obtenir vn portrait de ſa grace,
On voit que ton amour fait parler ton audace.

Melinte.

Vn peintre fut l'ouurier de ce portrait vainqueur;
Mais amour l'a graué luy meſme dãs mõ cœur.

Clitimant.

Elle à fait ce preſent à ma perſeuerance,
Afin que ie l'adore au moins en ſon abſence.

Melinte.

Si tu crois que cela t'ait beaucoup ſatisfait,

Ton bien n'est qu'en idée. & ton mal en effet.

Clitimant.

Nous te verrõ tantost, à dieu l'heure me presse,
Et mõ deuoir m'appelle aupres de ma maistresse.

Il s'en va.

Melinte seul.

Tu te trompes Berger & ta temerité,
Ioint auec peu d'amour beaucoup de vanité,
Helas! c'est pour neant que ie te veux reprendre,
L'amour me tient moy-mesme & me reduit en cendre,
Il adore Delphire & la mesme beauté,
Triomphe de mon ame, & de ma liberté;
Mais c'est en vain qu'il tasche, à se la rendre sienne,
Sa peine est inutile ansi bien que la mienne,
Delphire comme nous est reduite à ce point,
De donner son amour à qui ne l'ayme point.

ACTE I.

SCENE III.

DELPHIRE. ORANTE.

Delphire.

MA sœur puisque le Ciel auiourd'huy sans nuage,
Nous fait voir le Soleil en son plus beau visage,
Cherchõs quelque lieu sombre en ce bois escarté,
Qui nous mette à couuert des traits de sa clarté,
C'est là que tu pourras libremẽt & sans crainte,
Le descharger sur moy du suiet de ta plainte,
Il semble que le cœur allege mon tourment,
Quand il le communique à quelqu'vn libremẽt.

Orante.

Il est vray qu'il me faut chercher pour vous le dire,
Quelque lieu dont l'horreur ressemble à mon martyre

Où vous

Ou vous ne puißiez voir sur mon teint les couleurs,
Dont l'amour & la honte ombragent mes douleurs,
Et sans aller plus loing cét antre solitaire, [re.
Sert d'Echo tous les iours à ma plainte ordinai-

Delphire. [*beau,*

Ce lieu dans son ombrage est tousiours frais &
Passons y la chaleur aupres de ce ruisseau.

Orante.

Tout ce que ie puis voir dans ce petit espace,
Presente à mon esprit l'obiet de ma disgrace;
Dans ce lieu solitaire & cette obscurité,
Ie voy naïfuement mon cœur representé,
Voyant cét arbre-cy mon esprit se figure,
De voir son esperance en voyant sa verdure,
Il porte bien des fleurs, mais il n'a point de fruit,
Et mon espoir außi iamais rien ne produit:
En fin ce lieu tesmoin de mes larmes versées,
Ne se peut comparer qu'à mes tristes pensées.

Delphire.

A ce que i'en preiuge & sans me l'exprimer,
Ie voy que vostre mal, n'est venu que d'aimer.

C

Orante.

A ce que ie puis voir le cruel Florigene,
Auancera ma mort en prolongeant ma peine.

Delphire.

Que dites vous ma sœur, quoy ce ieune Pasteur
Est-il de vostre mal le principe & l'autheur.

Orante.

Helas! il est trop vray, que sa grace & ses charmes,
Font mourir mon espoir & font naistre mes larmes.

Delphire.

Ie sçay que ce Berger à des charmes puissans,
De mettre la raison sous le pouuoir des sens;
Mais celle qui se voit de tant d'appas charmée,
Ne doit l'aymer qu'autant qu'elle s'en voit aymée.

Orante.

Ah! ma sœur qu'on peut bien conseiller aysemẽt
Quand on ne scait que c'est d'vn amoureux tourment
Il est vray qu'il faudroit ordonner ce remede,
A qui seroit exempt du mal qui me possede.

Delphire.

Faites ſur cét amour la raiſon preualoir
Pour guerir vous n'auez apres qu'à le vouloir.

Orante.

Quand cette paßion dans l'ame a pris racine,
La raiſon eſt eſclaue à l'amour qui domine.

Delphire.

Oblige moy ma ſœur encor de ce point,
Sçais-tu qu'il te mépriſe ou qu'il ne t'aime point.

Orante.

Helas! ie le ſcay trop.

Delphire.

Ma ſœur fais m'en le conte.

Orante.

Ie te vay deſcouurir ſa rigueur & ma honte,
Le iour que les Bergers aſſemblez dans ces lieux
Firent vn ſacrifice à la mere des Dieux.

Delphire.

Ie m'en ſouuiens encore.

Orante. *Apres les ſacrifices.*

Que chacun s'occupoit à diuerſes exercices,
Quelques ieunes Paſteurs ſeparez du commun,
Et deſquels neantmoins Florigene eſtoit vn,

Nous donnerent le bal en ce petit bocage,
Où tant d'arbres pliez entretiennent l'õbrage,
Chacun donc tire au ſort auant que commencer,
Pour auoir vne fille & la mener dancer;
Mais comme l'on ne peut fuir ſa deſtinée,
Il s'eſcheut par malheur que ie luy fus donnée,
Lors il faut l'aduoüer mon eſprit curieux
Abandonna du tout ſa conduite à mes yeux,
Mon cœur ſe laiſſa prendre aux charmes de ſa grace,
Tellement qu'il ne fit rien que ie n'admiraſſe.

Delphire.

Tu n'as encor rien dit.

Orante.

Pour t'apprendre le tout,
Ie m'en vais t'acheuer l'hiſtoire iuſqu'au bout.
Le bal ne ceſſa point iuſqu'à ce que les ombres,
Euſſent caché le iour dans leurs voiles plus ſombres,
Ce fut lors que chacun voulut ſe retirer,
Et que ie fus au point de me deſeſperer,
Mais le Ciel qui pour lors fauoriſoit ma peine,
Me donna le moyen de trouuer Florigene,

Lors tout deuoir à part ie fis paroistre au iour,
Au milieu de la nuict les feux de mon amour,
Et quittant le respect, la honte & le silence
Mon ame ne sceut plus cacher sa violence,
Mon discours luy fit voir l'excés de mon ardeur,
Comme i'ay reconnu dans le sien sa froideur.

Delphire.

Pour la premiere fois il deut trouuer estrange,
Ton discours amoureux.

Orante.

Ie ne croy pas qu'il change,
Depuis deux iours encor i'ay mis tout mõ esprit,
A luy faire aduoüer mon amour par escrit.

Delphire.

Qu'en est-il arriué.

Orante.

Te l'oserois-ie dire.
Ses lettres m'õt appris qu'il deuiẽt tousiours pire.

Delphire.

De grace fais m'en voir quelqu'vne seulement.

Orante.

Ie veux bien satisfaire à ton contentement,
Regarde cette lettre & voy de qu'elle sorte,

Il veut recompenſer l'amour que ie luy porte.

Delphire.

Voicy donc vn effet de ta fidelité,
Voyons icy dedans ceux de ſa cruauté.

DELPHIRE LIT LA LETTRE.

IE veux croire auiourd'huy Bergere incomparable, que l'amour dont vous eſtes paſſionnée à mon ſujet, ſoit auſſi veritable, comme voſtre bouche m'en a donné des marques aſſeurées, dans les ſerments amoureux qu'elle à faits à mon aduantage. Neantmoins ie vous proteſte, que i'eſtime voſtre ſort autant digne de pitié, que ie me repute incapable d'auoir part à l'honneur de vos bonnes graces. Au reſte ſi vous deſirez m'obliger, ne m'importunez plus de tels diſcours qui choquent la fidelité, que i'ay iurée tant de fois à celle que i'adore, auec autant de reſpect comme en toute autre occaſion, ie promets recompenſer l'affection dont vous honorez.

FLORIGENE.

Orante.

He bien! que dites vous de ce cœur insensible.

Delphire.

Que d'esperer encor c'est tenter l'impossible.

Orante.

Ie ne puis me resoudre à quitter cét amour,
Qu'à mesme temps aussi ie ne quitte le iour.

Delphire.

Puisque tout vostre espoir est sans nulle appa-
rence,
Perdez en le desir auecques l'esperance.

Orante.

Ie vous croiray ma sœur attendant que le temps,
Ait brisé des liens & des nœuds si constants.

Delphire.

Ma sœur si tu voulois m'obliger de remettre
A ma fidelité le depost de sa lettre.

Orante.

Ie la laisse en tes mains: mais déja les chaleurs
Font entrouurir la terre & font mourir les
fleurs,
Ma sœur puisqu'vn lien d'amitié no⁹ assemble,
Passons icy le temps a nous baigner ensemble,

I'ay couſtume pour moy tant que dure l'Eſté,
De venir tous les iours en ce bois eſcarté,
A cauſe qu'il s'y treuue vne belle fontaine,
Dont le canal s'eſtẽd iuſques dans l'autre plaine,
C'eſt là que ie me baigne à l'ombre d'vn ormeau,
Où bien ſouuent mes pleurs font l'office de l'eau.

Delphire.

Vne affair m'empeſche extremement preſſée,
Mais la ſaiſon d'Eſté n'eſt pas encore paſſée,
Si ce n'eſtoit cela ie te iure & me croy,
Que ie voudrois auſſi me baigner auec toy.

Orante.

Excuſe moy Delphire & ſois vn peu ſecrette.

Delphire.

Croy pour ce coſté là que ie ſeray muette,
Fay moy part ſeulement de ton affection.

Orante.

A dieu ie m'en remets à ta diſcretion.

ACTE DEVXIESME.

SCENE PREMIERE.

CLITIMANT, MELINTE.

Clitimant.

IE m'estonne Berger que ta perseuerance
Continuë à poursuiure vn bien sans apparence,
Tu vois que ton amour est reduit à ce point,
Que ton meilleur espoir est de n'en auoir point.
Ta poursuitte l'irrite & ton mal l'importune,
Icy ta paßion fait moins que la fortune,
Tu pretends vainement à sa possession,
Puis qu'vn autre à l'honneur de son affection.
N'abuse point du temps l'occasion se passe,
Cherche fortune ailleurs & me cede la place.

Cette belle à des-ja recompensé ma foy,
De son pourtrait qui n'a de modelle que soy,
Et l'adorant encor tu tentes l'impossible,
Puis que ie t'en fais voir vn gage si sensible.

Melinte.

Il est peut-estre vray qu'à present sa beauté
Reçoit mieux ton seruice & ta fidelité,
Qu'elle te cherit seul, & qu'elle s'abandonne
A tous les mouuemens que ton amour luy donne,
Mais puis qu'en vn moment elle à peu t'obliger,
Croy qu'vn moment encor la peut faire changer,
Et c'est bien vainement que ton amour s'asseure,
Si ton meilleur espoir consiste en sa peinture,
Dont les traits les plus beaux qui parent sa beauté,
Te font voir vn effet de sa legereté,
Voy comme la peinture à ton ame trompée,
Ce n'est qu'vn peu de poudre auec l'eau destrempée,
L'vne se pert en l'air au premier coup de vent,
Et l'autre dans son lit se va tousiours mouuant.

Clitimant.

Quoy que ce soit venant d'vne beauté si cher.

Suffit pour contenter qui ne demande guere.

Melinte.

Ie meure, ce present est tout à fait mocqueur,
Tu n'as que son visage & quelque autre à le cœur.
Et le peintre vrayment la connoissoit volage,
Car il n'en à despeint icy que le visage,
N'ayant pas de pinceau qui fust assez leger
Pour bien tirer vn cœur qu'vn momẽt fait changer.

Clitimant.

S'il n'est point la despeint cela n'est pas estrange
Car nous en auons fait, entre nous vn eschange,
Et mon affection là sceu gaigner si bien,
Qu'en luy donnant mon cœur elle m'offrit le sien.

Melinte.

Tous ces discours a part, Berger ie ne puis croire
(Quoy que ta vanité s'en presume la gloire)
Que ton affection ait iamais peu toucher
Ce cœur moins accessible & plus dur qu'vn rocher,
Ie connois tellement son naturel farouche,
Que pour te croire il faut l'entẽdre de sa bouche.

Clitimant.

Et bien ie luy veux faire aduoüer deuant toy,

Que son cœur n'a iamais souspiré que pour moy,
Pourueu qu'en la voyāt dans mon amour fidelle,
Tu quittes celuy-là dont tu brusles pour elle.

Melinte.

Quoy que pour la quitter mon cœur souffre vn tourment,
Bien plus grand que celuy que i'endure en l'aymant,
Neantmoins ie promets cette preuue renduë,
De quitter de bon-cœur la place qui t'est deuë.

Clitimant.

Il suffit,

Melinte.

Mais il faut en venir à l'effet
Et m'en rendre bien-tost esclaircy tout à fait.

Clitimant.

Patience Berger aussi bien l'heure approche,
Qu'elle vient à l'ombrage aupres de cette roche,
Elle n'y manque guere; & de fait la voicy,
La Bergere Melize est auec elle aussi.

Melinte.

Despesche Clitimant contente mon enuie,
Que Delphire prononce ou ma mort ou ma vie.

Clitimant.

Ie m'en vay l'aborder, prens garde seulement.

Melinte.

Ie crains d'en ouïr trop pour mon contentement.

ACTE II.

SCENE II.

CLITIMANT, MELINTE, DELPHIRE, MELIZE.

Clitimant parlant à Delphire.

BEl astre dont ie crains & benis l'influence,
O u mon mal se finit & mon bon-heur commence.

Delphire.

Brisez-là Clitimant, aussi bien vous sçauez
Que ie ne comprens point ces discours releuez,
Est ce que vous auez dessein de m'ẽtreprendre.

Clitimant.

Le discours ne plaist pas à qui ne veut enten

Delphire.

Parlez en liberté puis que vous connoissez
Que ie n'escoute point ces discours insensez.

Clitimant.

Parlez en libertez, Dieux c'est bien mon enuie,
Mais ie ne sçaurois plus vos yeux me l'ont rauie.

Delphire.

Vous me desobligez en me parlant ainsi,
N'auez-vous autre chose à me conter icy.

Melinte.

Patientez Bergere vn seul point nous ameine,
Et vostre iugement nous peut tirer de peine.

Delphire.

Despeschez-vous Melinte, & me le racontez.

Melinte.

Tout nostre differẽt n'est que pour vos beautez,
Ce Berger dont l'orgueil se compare à l'audace,
Se presume tout seul en vostre bonne grace,
Et sa temerité luy fait dire auiourd'huy,
Que vos affections ne s'adressent qu'a luy,
Prononcez là dessus, beauté trop adorable,
Pour vn de vos captifs vn arrest fauorable.

Delphire.

Bien que sa vanité merite vn chastiment,
Ie veux pourtant vous dire icy mon sentiment,
Si ie voulois aimer ie n'ẽ voudrois point d'autre,
Et ie tiens son humeur preferable à la vostre,
Outre que son esprit à des charmes si doux,
Que ie dois par raison le preferer à vous.

Melinte.

Dieux ou suis-ie reduit, ha! rocher impassible,
Auec des yeux si doux as-tu l'ame insensible,
Ie blasmois ton esprit tantost d'estre leger
Mais il il est trop constant a me desobliger;
Voy l'excés de mon mal belle ingratte farouche,
I'ay l'amour par tes yeux & la mort par ta bouche:
Mais Berger insensé pourquoy t'affliges-tu,
Fais parmy ta douleur esclatter ta vertu,
Et puis qu'Amour t'a fait captif de tes merites,
Si tu l'aymes encor il faut que tu l'imites,
Quitte le souuenir de ton premier tourment
Et fait a son exemple vn heureux changement,
Fais que la passion de ton ame enflammée,
N'ayme que le regret de l'auoir trop aymée.

Sois dans le repentir d'auoir trop de desir,
Et ne souspire plus que d'auoir souspiré
Efface cette image & l'ostant de ton ame,
Laisse là consommer au milieu de ta flame,
Et puisqu'amour n'a pêu la bruster de son trait,
Que son feu pour le moins cõsomme son portrait.

Il s'en va.

Clitimant.

Que ie vous dois de vœux pour vn si bon office,
Disposez desormais de mon humble seruice.

Delphire.

Voulez-vous m'obliger Pasteur.

Clitimant.

Si ie le veux?
Ah! c'est l'vnique bien que respirent mes vœux.

Delphire.

De grace laissés nous seulement vn quart d'heure,

Clitimant.

Ne faut-il que cela, commandez que ie meure;
Aussi biẽ en quittant ce bel œil mon vainqueur,
I'emporte bien le corps, mais ie laisse mon cœur.

ACTE

ACTE II.

SCENE III.

MELIZE, DELPHIRE.

Melize.

COmpagne en verité, ce Pasteur est aymable,
Son humeur complaisante est assez agreable,
Et quoy qu'auec raison vous l'ayez preferé,
I'ay pitié de voir l'autre ainsi desesperé.

Delphire.

Ce Melinte à l'esprit si remply d'arrogance,
Et deuient si fascheux dans son extrauagance,
Que voulant euiter son importunité,
Ie me suis resoluë à cette extremité.

Melize.

Vrayment vous tesmoignez vn peu d'ingratitude,
Il ne meritoit pas vn traitement si rude,
Pour en preferer vn, le deuiez-vous punir,
Et pour vous aymer trop falloit-il le bannir.

Delphire.

Pourtant si son riual obtient la preference,
Il n'en doit pas auoir de meilleure esperence.
Car pour vous exprimer icy mon sentiment,
Ie le fais par amour moins que par iugement.

Melize.

Bien qu'il soit importun dedans sa frenesie,
Tant d'amour meritoit vn peu de courtaisie.

Delphire.

Croyez que i'ay donné ce iugement expres,
Ie me deffais de l'vn pour bannir l'autre apres.

Melize.

Or sus quoy que s'en soit laissons l'vn dans sa ioye,
Et l'autre en la douleur ou son amour se noye;
Et puis qu'vn lieu si frais se presente à propos
Prenons sous cét ombrage vne heure de repos.

Delphire.

Ie suis de vostre aduis, ce bois est assez sombre,
Pour chasser le Soleil & conseruer de l'ombre,
Desia chere compagne vn sommeil gracieux,
Assoupit mes esprits & se coule en mes yeux.

Melize.

Et moy ie sens desia que le trompeur Morphée,
Sur mes sens fatigués establit ses trophée,

Ils dorment.

ACTE II.

SCENE IV.

Clidor, Florigene.

Clidor.

SVpport de ma vieillesse, & de tous mes ennuis,
Cesse de m'affliger en l'estat ou ie suis,
Et sans plus retenir ta douleur en contrainte,
Esclaircis mes soupçons & termine ma crainte,
Ie ne sçay quoy de triste apparest dans tes mœurs
Et ie voy tous les iours du chãge en tes humeurs,
Depuis peu ton esprit ayme la solitude,
L'entretien ne plaist point à ton inquietude,
Tes discours sont cõfus iusques au dernier point

Lors que tu m'entretien tu ne me parle point,
Car alors ton esprit iusques là t'abandonne,
Que tu sembles parler à quelque autre personne,
Si tu veux m'obeyr, mon fils dit librement,
D'où procede en ton ame vn si grand changemẽt.

Florigene.

Pour le dissimuler i'ay trop d'obeissance,
Vous ne vous trompez point dans vostre connaissance,
Mon mal se voit assez, vous le dois-ie nommer,
Si pourtant ce peut-estre, vn mal que trop aimer.

Clidor.

Garde toy mon enfant de ce poison funeste,
Abhorre ses appas à l'esgal d'vne peste,
L'amour est dous alors qu'il charme nostre erreur
Mais son pouuoir enfin degenere en fureur.

Florigene.

DIALOGVE.

Cet amour ne peut estre, amour qu'en apparence,
Mais il en faut tousiours regarder le subiet,
Et l'on doit seulement mettre la difference,
A sçauoir dicerner la beauté d'vn obiet.

Clidor.

Ah! l'on n'en vse pas maintenant de la ſorte,
L'on ne voit plus perſonne aymer par iugement,
Et dans ce temps l'amour tellement nous tranſ-
porte,
Que nous ne pouuons voir que noſtre aueugle-
ment.

Florigene.

Quand cette paſsion tellement nous maiſtriſe,
Alors c'eſt moins amour qu'vne brutalité,
Nous deuons m'eſpriſer celle qui nous meſpriſe?
Et qui fait autrement c'eſt vne laſcheté.

Clidor.

Comme on vit maintenant dans le ſiecle ou nous
ſommes,
On ne fait plus l'amour cõme en noſtre ſaiſon,
Et l'on tient maintenant ce point entre les hõmes,
Qu'vn hõme eſt ſans amour s'il n'eſt point ſans
[raiſon.

Florigene.

Qui met tout ſon eſprit dans cette fantaiſie,
Perdant le iugement auec la liberté,
Teſmoigne ſon amour moins que ſa frenaiſie,
Et plus de paſsion que de fidelité.

Clidor.

Mon fils si tu sçauois àquoy tu peux pretendre,
Tu n'oposerois plus ces raisons sans raison;
N'attends de ton destinque ce qui te peut rendre,
Digne de releuer l'esclat de ta maison.

Florigene.

Quand ie pourois auoir pour parens des Monarques,
Et que de l'vniuers ie serois le vainqueur,
Ie voudrois seulement n'en posseder les marques,
Que pour meriter mieux celle qui tient mon cœur.

Clidor.

Mais apprens moy qu'elle est cette Bergere heureuse,
Qui tient ta liberté dans des liens si forts,
Car pour estre l'obiet de ta flame amoureuse,
Il faut qu'elle ayt l'esprit aussi beau que le corps.

Florigene.

Au seul nom de Melize ayés en connaissance,
Melize que ie tiens pour l'astre de mon iour,
Melize à qui les Dieux ont caché la naissance,
Et qui n'a des parents que la grace & l'amour.

Clidor.

Elle eſt belle vrayment mais ſcais-tu ſi ſon ame,
Ne recompenſe point ton amour de rigueur,
Car ce ſexe touſiours incapable de flame,
Porte l'amour aux yeux et n'en a point au cœur.

Florigene.

Ouy trop bien ces beautez, dont le trompeur langage,
Nous fait voir qu'elles ont le cœur cõme les yeux;
Mais puiſque ma maiſtreſſe eſt Déeſſe en viſage
Außi doit-elle auoir le cœur comme les Dieux.

Clidor.

I'ay creu que tu ſerois mon baſton de vieilleſſe,
Que ton aide au beſoin pourroit me ſecourir;
Mais ce cruel amour, ce tyran qui te bleſſe.
Sera le ſeul baston qui me fera mourir.

Il s'en va.

Florigene.

Va pere ſans pitié tes conſeils ſont des crimes,
Et ie n'y point de veux qui ne ſoient legitimes,
Ton antique prudence icy n'a point de lieu,
C'eſt commettre vn peché de conſeiller vn Dieu;

I'ay du respect pour ceux à qui ie dois la vie.
Mon desir seulement depend de leur enuie.
Mais pour commettre vn crime alors ma volõté,
Manque d'obeissance & non de pieté,
En n'obeissant point ma passion s'allege,
Si i'obeys mon cœur commet vn sacrilege,
Si ie n'obeys point i'auray peu de raison,
Si i'obeys ie trempe en vne trahison,
Si bien que mon esprit peut à peine connaistre,
Quel des deux il choisit d'estre ingrat ou bien traistre,
Et ie suis là reduit qu'il me faudra ce iour,
Mesconnaistre mõ pere ou bien trahir l'amour?
Qui mon cœur est troublé de mouuements contraires
Dedans le choix de suiure vn de ses aduersaires,
Deuoir, Melize, Amour, respect iniurieux,
Que i'esprouue auiourd'huy tõ pouuoir furieux.
Et que c'est vainement fonder ma resistance,
Si tu crois que ton droit ésbransle ma constance,
Tyrannique respect qui balance mon choix,
L'amour estant vn Dieu n'est point suiet aux loix,

Et ie voy dans l'estat ou mon ame est reduitte,
Qu'il en peut affranchir encore vn de sa suitte,
Mais pendãt que ie parles auecques ma douleur,
Le iour s'accrest tousiours ainsi que la chaleur,
Ie n'oserois faillir à moins d'estre infidelle,
De me rendre bien-tost ou mon deuoir m'appelle.
Sans doute ma maistresse est en peine de moy,
Et croit que i'ay manqué de constance ou de foy,
Ie scay qu'elle m'attend en ce petit bocage,
Où mon feu parmy l'ombre esclatte dauantage,
Ou pour tous les tesmoins de mon contentement
Ie n'ay que le silence & l'ombre seulement,
Amour Dieu des Amants, doux tyrã de ma vie,
Viens voir ce bel obiet dont mon ame est rauie,
Mais ie te prie en vain puissant vainqueur des Dieux,
Ie scay que tu ne sors iamais de ces beaux yeux,
Tu fais dans ses appas le Ciel de ton empire,
Et c'est à ce beau ciel que mon amour aspire,
Dans ce ciel les amants ont deux soleils pour eux,
Et ce ciel est pourtant l'enfer des Amoureux!
Aussi ceux dõt les cœurs s'attachẽdãs tes chaines,

N'en peuuent esperer que des feux et des gesnes.
Au moins donc pour marcher preste moy ton
flambeau,
Puisque tu m'as couuert les yeux de ton bãdeau,
Mais i'ay tort puissãt Dieu de reclamer ta flame
Car ie porte moy mesme vn soleil dedans l'ame,
Si ie suis paresseux, amour à l'aller voir,
C'est que mes foibles yeux redoutẽt son pouuoir,
O Dieux! qu'à cet abord mon ame est estonnée,
Et que ie dois benir cette heureuse iournée,
Il faut que ce bois ait des charmes nompareils,
Pour conseruer de l'ombre entre ces deux soleils,
Que de fleurs sur le teint de ces beautez diuines,
Et qu'on les peut cueillir aysement sans espines,
Que cette rose au prix de celle de leur teint,
Monstre inutilement la couleur qui la peint,
Et ces beaux lis voyant que leur sein les surmõte
Paslisent ne pouuant icy rougir de honte,
De ces beautez Melize en emporte le prix,
L'vne engendre l'amour, & l'autre le mespris,
Mon amour pour Melize est dans la violence,
Et pour l'autre ie n'ay qu'vn peu de bienveillãce,
Leur visage est tres beau, mais il n'est pas pareil;

Delphire est vne Aurore & Melize vn soleil,
Dieux que le vent est fort qui fait mouuoir les tresses,
Et les cheueux dorés de ces Belles Deesses,
Le vẽt peut il mouuoir tant de liens vainqueurs,
Le moindre seulement est tout chargé de cœurs,
Mais ie commence à voir ce qu'il cherche aupres d'elles,
Ie sçay qu'il est lui mesme amoureux de ces belles
Et parmy tant de cœurs captifs comme le mien,
On reconnaist assez qu'il recherche le sien,
Ah! que cette Bergere est vn puissant obstacle,
Aux transports que ie sens pres ce diuin miracle,
Sa presence pourtant ne peut nous retenir,
Dans le chaste dessein de nous entretenir,
Toutesfois reiettons bien loins cette pensée,
Ma maistresse pouroit s'en trouuer offensée.
Son ame sçait cacher sous sa discretion
Les violents transports de son affection,
Sortons auparauant que Delphire s'eueille,
Et prenons vn baiser sur sa bouche vermeille.
Ah! transports innocens ou mon ieune desir
Se perd dans vn excez d'amour & de plaisir,
Plaisez moins desormais à ma flame innocente,

Vostre douceur me sẽble vn peu trop rauissante,
Ie mourrois de regret d'abandonner ce lieu,
Si pour m'accompagner ie n'amenois vn Dieu.

ACTE II.

SCENE V.

DELPHIRE, MELIZE.

Melize.

CRuel, à qui l'amour m'a renduë ennemie,
Pensois-tu que ma flame ici fust endormie,
Le sommeil aux amants s'offre mal a propos,
Et tant de feux qu'ils ont empeschent leur repos,
Ou s'ils donnent par fois quelque tresue a leurs veilles
Il ferme bien leurs yeux, & nõ pas leurs oreilles,
Car vn amant qui n'est que feu dans ses amours,
Puis qu'il est tout de flame il doit agir tousiours,
Ton cœur se ferme ingrat, de peur d'ouyr mes plaintes,

Quand mes yeux ſont ouuerts pour d'eſcouurir
tes feintes,
Mais c'eſt bien vainement que tu feins ton
amour,
L'œil des amants penetre auſſi loin que le iour,
Florigene ayme donc, & ſon cœur inuincible
N'offre à tous mes appas rien qu'vne ame in-
ſenſible,
Ce Paſteur à mes yeux n'a qu'vn cœur de rocher,
Et pour ceux de Melize, il en treuue vn de chair,
Mais ie dois ſans me plaindre endurer ce répro-
che,
Moy qui pour mes amants n'ay qu'vne ame de
roche,
Et dois-ie pas ſouffrir la peine conſtamment,
Que les autres pour moy ſouffrent iniuſtement,
Helas! ie reconnais que le Ciel m'abandonne,
Et qu'il ne peut aymer ceux qui n'ayment per-
ſonne,
Amour, Roy de mõ cœur laiſſe moy dans ce point,
Qui ne fait point de grace, il n'en merite point:
Mais forge de ſa glace & de ma flame extréme,
Vn tonnerre qui ſerue à me punir moy-meſme.

Ma raiſon ſeulement deuroit me reprocher
Tant de temps que ie perds à combattre vn rocher,
C'eſt en vain que mon cœur à ſon amour aſpire,
Eſtant tout à Melize il n'eſt rien à Delphire;
Mais pour eſtre vn rocher il a par trop d'appas,
Ie l'ay nommé d'vn nom qui ne luy conuient pas,
Il n'eſt pierre ſi dure encor que l'eau ne mine
Et dans mes pleurs ſon cœur s'endurcit & s'obſtine,
Et mõ amour au foudre eſt ſemblable en ce point,
Qu'il touche les rochers mais ne les eſmeut point
Ingrat, ne pretends plus au tiltre de fidelle,
Refuſant ton ſecours à ma flame cruelle,
Car l'amour qui conſpire auec ton deſſein,
Te donne vne ame double & deux cœurs dans le ſein,
Et n'eſt-ce pas loger deux contraires en l'ame
D'offrir vn cœur de glace en ayant vn de flame,
Ta Melize a le cœur qui cache tes ardeurs,
Et ie n'ay que celuy qui retient tes froideurs,
Berger ingrat à ceux qui demandent tes graces,
Ie ne veux que tes feux & ie n'ay que tes glaces,

Et le ciel me punit par les mesmes tourments,
Dont ie punis à tort deux malheureux Amants,
Mais il me faut encor feindre que ie sommeille,
De peur que ma riuale enfin ne se resueille.

Melize songeant.

Florigene ie voy que tu dis verité,
Et ie ne doute point de ta fidelité?
Qu'Orante t'importune & que Delphire t'ai-
me,
Ie sçay que tõ amour pour moy seule est extréme
Nous fleschirons le Ciel, mon espoir s'est pro-
mis,
D'adoucir tes parens & les Dieux ennemis:
Et voyant des desseins si purs dans nostre vie,
Leur pitié nous rendra ce que nous prit l'enuie,
Et ie me soubmettray de sorte à leurs desirs,
Qu'ils aduoüront l'accord de nos chastes plaisirs
Hé que peux tu mon cœur esperer d'auantage,
Qui puisse tesmoigner ma flame & mon courage
Ie te promets encor, que si nostre amitié,
Ne pouuoit les reduire aux termes de pitié,
D'accompagner tes pas & suiure ta fortune,
Pour treuuer vne terre vn peu moins importune.

Là le Ciel qui nous voit des mouuemens si saints,
Sera plus fauorable à nos iustes desseins.

Delphire.

Qu'vn cœur est peu secret lors que l'amour le tou-
che,
Oyés la verité qui parle par sa bouche.

Melize continuant à songer.

Tu ne me respond rien, toy qui peu me charmer,
Mon cœur, ay depuis quand cesses-tu de m'ay-
mer.
Que ie voy ta constance à la mienne inesgale,
Et que tu traites mal vne ame si loyale,
Qu'auec peu de respect tu condamnes ma foy,
Et qu'on me connoist bien plus fidelle que toy,
Quoy si pres de mes yeux ton cœur reste inuinci-
ble,
Et tout contre ma flame il demeure insensible.

Melize s'eueille.

Mais qu'elle resuerie & quel songe trompeur,
Dans vne erreur si longue entretenoit ma peur,
O Dieux que ie suis aise apres ce doux men-
songe,
De ne voir Florigene infidelle qu'en songe?

Hé

Hél Delphire ma sœur, dormeuse esueillés-vous.

Delphire.

Ne me resueilles point le sommeil est si doux.

Melize.

Voulez-vous au sommeil employer la iournée,
Et pouuez-vous dormir toute vne matinée,
Nous auons reposé plus que vous ne pensez,
Les Bergeres auront leurs troupeaux amassez,
Quand on voit le soleil à plomb dans cette source,
C'est qu'il est iustement au milieu de sa course,
Durant cette chaleur allons sous les ormeaux,
Auec ceux des Bergers amasser nos troupeaux.

Delphire.

Ie treuueray les miens aupres de la fontaine,
Où ie les ay laissez à Lisis qui les meine.

Melize.

Ie m'imagine aussi que le mien n'est pas loing,
Et ie scay bien qu'Orante en aura pris le soing.

ACTE TROISIESME.

SCENE PREMIERE.

ROZANDRE, PERSIDAS.

Rozandre.

QVe l'amour eſt dans l'ame vne fureur extréme,
Et qu'vnhomme amoureux eſt cruel à ſoyméme,
Que ſes traits dans le cœur ſe coulent doucemẽt,
Et que ce Dieu triomphe à ta fin puiſſamment,
Qu'en diuerſes façons il fait naiſtre de flames,
Pour affliger nos corps il ſe ſert de nos ames,
Et ſans auoir recours à des charmes puiſſants,
Il ne veut contre nous employer que nos ſens,
Dieux qu'il fait de tumulte au cœur d'vne Prouince,
S'il deſcoche ſes traits dans celuy de ſon Prince.

Alcidas autrefois ignoroit ſon pouuoir:
Mais amour là reduit aux termes du deuoir,
Et ce ieune Monarque *ingrat meſme a ſoi meſme*
Abandonne Arcadie & Sceptre & Diadeſme,
Mais depuis ſon départ les Spartes reuoltés,
Ont cõnu la valeur de nos bras indomptés,
Ces traiſtres ont appris aux deſpens de leurs larmes,
Que nous combattons mieux ſans Prince qu'eux des armes,
Leur Royaume eſt à nous nos valeureux efforts,
Contre leur inſolence ont eſté les plus forts.

Perſidas.

Ie croy que noſtre Prince au bruit de ces nouuelles,
N'empruntera plus riẽ de l'amour que les aiſles,
Il quittera ſa flame & tous ces vains proiets,
Et ne pretendra plus qu'au cœur de ſes ſujets.

Rozandre.

Vn violent amour qui s'attache dans l'ame,
Eſt touſiours inſenſible à l'honneur et au blaſme
Il rend l'homme aueuglé de ſorte en ſa douleur,
Que luy meſme ne peut rien voir que ſon malheur.

Persidas.

Amy ie tiens pour moy sa recherche inutile.

Rozandre.

Quoy de treuuer vn Prince est-il si difficile,
Dieux! quel aueuglement à tes sens ésbahis,
Hé! ne peut on trouuer vn Roy dans son pays.

Persidas.

Mais s'il change de non, d'habit, & de visage,
Le pourrons nous connaistre auec ceux du vilage.

Rozandre.

Quicõque scait aymer vn Monarque vainqueur
Il en garde tousiours le portrait dans le cœur,
Et quelque changement que le ciel face naistre,
En quelque estat qu'il soit il doit le reconnaistre.

Persidas.

Pouuõs nous le connaistre estant reduit au point,
Que lui mesme auiourd'huy ne se recõnaist point
Toutesfois employons & le temps & la peine,
Et nous acquittõs bien du sujét qui nous meine.

Rozandre.

Laisse moy faire amy ce soin là m'appartient,
Ie connais bien les lieux ou l'amour le retient,
Et le bon-heur qui suit le desir que ie tente,

Me promets de ioüir des fruicts de nostre attẽte.

Perfidas.

Plaise au ciel que bien-tost no⁹ puissiõs le reuoir.

Rozandre.

Sus donc pour le chercher faisons nostre deuoir.

ACTE III.

SCENE II.

FLORIGENE, MELIZE.

Florigene.

EN fin ie puis icy loings de crainte & de blasme,
Te faire voir mon cœur & l'estat de mon ame,
Enfin chere beauté nous n'auons en ces lieux,
Que le iour de ma flame & celuy de tes yeux,
Et loing de ces argus dont l'œil nous importune,
Ne laissons pas aller cette bonne fortune;
Songeons à nous parer des malices du sort,
Et comme nos amours pouront treuuer le port.

Melize.

Ie confesse en l'excés de ma perseuerence,
Que i'ay beaucoup d'amour & bien peu d'espe-
Le moyẽ de fleschir à l'espoir de nos vœux [rance
Celuy dont l'auarice a condamné mes feux,
Luy dont le cœur auare incessamment souspire,
De n'en posseder pas autant qu'il en desire,
Ne pourra voir son fils aymer vne beauté,
Qui manque de moyens non de fidelité.

Florigene.

Il n'obtiendra iamais quoy qu'il en ait puissance,
Iusques à ce point là, sur mon obeissance,
Au reste cher obiet manques tu de thresors,
La nature t'en donne à l'esprit & au corps,
Et si l'aage n'auoit debilité sa veuë,
Il aymeroit les traits dont ta face est pourueuë,
Ou si l'or luy plaisoit il mettroit tous ces veux,
A pouuoir posseder celuy de tes cheueux,
Ou bien son iugement luy feroit reconnaistre,
Que ie posse derois l'astre qui le fait naistre,
N'est-ce pas le soleil qui nous le fait auoir,
Hé! n'en és-tu pas vn plus agreable a voir,
Il esblouit la veuë à l'aspect de ses flames,

Et ſans toucher nos corps tes traits bleſſent les ames,
Vous n'eſtes differents ſeulement qu'en ce point,
Qu'il treuue vn Occident, & que tu n'en as point.

Melize.

Cét or ne plairoit pas à cét inſatiable,
Il en voudroit auoir de ſenſible & palpable.

Florigene.

Mais i'auois oublié de te dire auiourd'huy,
Ce que ſans demander i'ay peu ſcauoir de luy.

Melize.

Satisfaits ie te prie à mon impatience,
Et ne me laiſſe plus dedans la deffiance.

Florigene.

Il s'eſt mis ce matin à me parler de toy,
Prenant de là ſubiect de condamner ma foy;
Mais voyant que l'iſſuë en ſeroit difficile,
Et que tout ſon pouuoir luy ſeroit inutile,
Mon fils, ce m'a-t'il dit, cette amoureuſe ardeur,
Offence ta naiſſance & ternit ta grandeur,
L'amour d'vne Bergere eſt moins que ta puiſſãce
C'eſt à toy d'eſleuer l'honneur de ta naiſſance,
Eſpere, eſpere mieux de ton extraction,

Sans borner ton pouuoir dans cette affection.

Melize.

Hé bien cher Florigene au lieu que tu t'estonnes,
Tu dois te resiour de nouuelles si bonnes,
Pardonne moy ce crime excusant mon ardeur,
Il est vray que ma flame offence ta grandeur,
Mon ignorance icy me doit seruir d'excuse,
Regarde ma franchise au moins si i'en abuse,
Voy ma temerité moins que ma passion,
Et mon amour plustost que mon ambition,
De vray lors que ta flame en mon cœur treuua place,
C'estoit pour lors à toy de punir mon audace,
Mais tu dois excuser encor ce defaut,
Mon cœur estant de feu son centre estoit en haut.

Florigene.

Ah! ne t'aflige point dans ces plaintes friuoles,
Et ne prens point si mal le sens de mes paroles,
Ou sinon tu pourras en ce tristre seiour,
Voir la fin de ma vie auant celle du iour,
Iustes Dieux qu'vn grand calme est vn certain presage,
Qu'õ doit bien-tost apres sentir vn grand orage,

Manuaiſe eſt-ce à deſſein de me déſobliger,
Feins-tu d'eſtre affligée afin de m'affliger.

Melize.

Dieux que cette grandeur dont on flatte voſtre ame,
Eſt s'enſible à mon cœur & ſuſpecte à ma flame,
Et que ces vains hõneurs qui charment vos deſirs
Marquent à mon eſprit de mortels deſplaiſirs,
Et ſi la choſe eſt vraye ô Dieux que i'ay de crainte
Que comme cét habit voſtre ame ne ſoit feinte.

Florigene.

De grace mon ſoucy ne m'offence point tant,
Vn Sceptre à t'il pouuoir de me faire inconſtant,
Si mon cœur eſt de feu croy que dãs mon ſeruage,
Ie n'ymiteray point cét element volage,
Mais pluſtoſt tiens pour vray qu'en ſeruant tes beautez,
Ie n'ay que ſa nature & non ſes qualitez,
Adieu, mon eſperance, oſte de ta penſee,
Ces ſoupçons dont ma flame eſt ſans doute offenſée,
Il faut que ie te quitte appaiſe ton ſoucy,

ACTE III.

SCENE III.

CLITIMANT, MELINTE, MELIZE,

Clitimant.

VOyant tõ changemẽt il faut que ie cõfesse,
Que tu sçay biẽ choisir vne belle maistresse,
Et dans vn chois si beau les plus iudicieux,
Auoüront qu'auiourd'huy tu ne manques point d'yeux.
Tu dois peu te fascher si Delphire te quitte,
Elle n'a iamais sceu connaistre ton merite,
Que tu fais vn beau coup de te pouruoir ailleurs,
Berger tu treuueras des partys bien meilleurs,
Melize à plus d'attraits et ton cœur inuincible,
La treuuera plus douce & bien moins insensible.

Melinte.

Lors que i'aimay Delphire et que tous ces appas,
Semblerẽt a mes yeux plus beaux qu'ils n'estoiẽt [pas
I'aduouë que mon ame estoit bien aueuglée,

Et qu'amour auoit lors ma raiſon deſreiglée,
Dieux! que i'eus peu d'eſprit de me deſeſperer,
Tant d'amour que i'auois, ne pouuoit pas durer,
Et dans ma paſsion ie m'imagine encore,
Q'me ma flame pour lors eſtoit cõme vne Aurore,
Dont la foible lumiere au point de ſon réueil,
Diſpareſt & rougit à l'abord du Soleil:
Au ſeul nom de Melize on a veu diſpareſtre,
Ces feux que dans mon cœur Delphire auoit fait naiſtre,
Ou ſi i'en garde encor c'eſt pour luy faire voir,
Que ie rougis d'auoir eſté ſous ſon pouuoir.

Melize à l'eſcart.

De peur que ces Paſteurs ne me trouuent oyſiue,
Ie vays m'aſſeoir aupres de cette ſource viue,
Et pendant que ce bois eſt exempt des chaleurs,
Cueillir à Florigene vn bouquet de ces fleurs.

Clitimant.

Melinte employe icy mon ſeruice fidelle,
I'ay du credit aſſez aupres de cette belle,
Vn autre ne ſcauroit t'y ſeruir qu'à demy,
Et tu dois là dedans employer vn amy,
Berger fais en l'eſſay, donne moy quelque lettre,

Ton cœur en obtiendra ce qu'il s'en peut promettre.

Melinte.

Prens doncques celle-cy, ma flame & ma langueur,
Si font voir aussi bien comme dedans mon cœur.

Clitimant.

Adieu ie vays d'icy m'employer à te plaire,
Et tacher de fleschir cette belle aduersaire.

Il s'en va.

Melinte.

Que ce Berger me fait vn extreme plaisir,
Et comme il scait flatter mon amoureux desir.

Melize pareſt.

Mais que l'occasion se presente opportune,
Ne voy-ie pas l'obiet de ma bonne fortune,
Allons luy faire voir qu'elle est ma passion,
Et comme elle preside à mon affection.

Il parle à elle.

Beaux yeux ou mon amour treuue vn si doux eschange,
Et chez qui ma fortune heureusement se range,
Excepiez vn captif qui se presente à vous,

Et flattez son espoir d'vn traittemẽt plus doux,
Ie scay bien qu'auiourd'huy ma liberté perduë
Et qui s'est volontaire à vos charmes renduë,
Presente à vos beautez dans mon triste discours,
Ce qu'vn nombre infini vous offre tous les iours,
Neantmoins tous ceux-là qui vous offrent vne ame,
Que vos charmes ont mise en des prisõs de flame
Ie scay dans quelque excés que soit leur passion,
Qu'ils ont bien du merite & peu d'effection,
Et vos charmants appas peuuent treuuer ma belle,
Vn Amant plus parfaict et non pas plus fidelle.

Melize.

Ie ne voy point en moy tant de charmes si beaux,
Quand ie mire par fois mõ visage aux ruisseaux
Ne m'attribuez point tant d'appas ie vous prie,
Vostre loüange sent vn peu la flatterie,
Au reste asseurez-vous, Berger que si mon voeu,
Pouuoit de sa rigueur retrancher tant soit peu,
Ie fauoriserois vostre flame seconde,
Mais ce voeu me deffend d'aymer rien dans le monde.

Melinte.

Vostre vœu n'est icy qu'vn obstacle impuissant,
D'empescher les ardeurs d'vn brasier innocent,
Secondez mes desirs vous pouuez cette chose,
Sans violer les loix que ce vœu vous impose,
N'aymés rien dans le monde et gardés le milieu,
Cherissant mon amour vous aymerez vn Dieu,
Et vous n'estant icy que simple creature,
Luy deuez obeïr plustost qu'à la nature.

Melize.

Que i'ay peu de moyens de te recompenser,
Et que ta passion te fait mal adresser,
Et quand bien i'en aurois le pouuoir & l'enuie,
Plustost que de t'aymer le Ciel m'oste la vie,

Melinte.

Ah! Melize est-ce ainsi que tu traittes mon cœur
La cruauté sied mal dans l'ame d vn vainqueur,
Iustes Dieux! que ie treuue vn sort peu fauorable,
Ne sçaurois-ie estre amant, sans estre miserable
La cruelle à rauy toutes les fleurs d'icy,
Et me laisse à cueillir seulemeut le soucy,
Ce pré donne ses fleurs à ces beautez diuines,
Et mon cœur n'en sçauroit auoir que les espines,

Il n'importe mourons, plustost que relascher,
Glorieux de perir contre vn si beau rocher.

ACTE III.

SCENE IV.

Delphire, Clitimant.

Delphire.

OV courez-vous Berger.

Clitimant.

Est-ce vous ma chere ame,
Dieux que cette rēcōtre est heureuse à ma flame.

Delphire.

Mais qu'elle est le dessein qui vous ameine icy.

Clitimant.

Celuy de vous parler & à Melize aussy.

Delphire.

Qu'auez-vous à luy dire.

Clitimant.

Vn secret d'importance.

Delphire.

Que vous l'aymez peut-estre.

Clitimant.

As ce discours m'offence:

Mais mon cœur ne sçauroit vous rien dissimuler

Il est vray c'est d'amour, que ie luy veut parler.

Delphire.

Vraymẽt Melize aussi merite bien qu'õ l'ayme

Mais comme elle est parfaitte, il faut l'aymer de mesme.

Clitimant.

Celuy qui pour Melize à de l'affection,

Ne la cherit aussi qu'auecques passion,

Ie parle de Melinte.

Delphire.

Hé quoy va-t'il au change.

Clitimant.

C'est l'estat ou le met vostre rigueur estrange.

Delphire.

Il ayme donc Melize.

Clitimant.

Helas! ce pauure amant,

La cherit auiourd'huy si passionnement,

Que son amour pour vo⁹ n'estoit qu'vne estincelle

Aupres

Aupres de ce grand feu dont il brusle pour elle.

Delphire.

Ces transports amoureux qu'il a pour ses appas,
Sont par trop violents il ne dureront pas.

Clitimant.

Son amour est extréme, & sans aucune feinte,
Car s'il vous change enfin, ce n'est que par con-
[trainte.

Delphire.

Ie parleray vrayement à Melize auiourd'huy,
De son affection.

Clitimant.

Faites cela pour luy,
Et puisque vostre esprit mesprisa son seruice,
Que vostre grace au moins lui rẽde vn bon office;
Que ce cœur qui ne peut souffrir son amitié,
Soit du moins plus sensible aux traits de la pitié.

Delphire.

Clitimant ie feray tout ce qui m'est possible,
Pour rendre cette belle à son amour sensible;
I'ay du pouuoir assez pour fleschir son esprit.

Clitimant.

Vous luy pouuez donner ce petit mot d'escrit,
Son mal est en tel point qu'il ne peut pas le dire,

Et l'amour luy permet ſeulement de l'eſcrire,
Adieu chere beauté que pour luy dans ce iour,
Voſtre pitié s'ẽploye et pour moy voſtre amour.

Il s'en va.

Delphire.

Que mes intentions ont vne heureuſe iſſuë,
Tout va bien mon attente icy n'eſt point deceuë,
O Dieux! que cette lettre eſt venuë à propos;
Florigene voicy pour troubler ton repos,
Cruel c'eſt à Meleze, à qui ie la veux rendre;
Mais auſſi i'en auray ce que i'en dois pretendre,
Et ie veux qu'elle face vne reſponſe icy,
Qui ſeruant contre toy ſera contre elle auſſy,
Tu croiras que Melize à ſon amour changée,
Tu luy ſembleras traiſtre & ie ſeray vangée,
Et tu confeſſeras preſque au point d'en mourir,
Qu'on me doit craindre alors qu'on ne me peut cherir;
Mais comme à point nommé le ſort me fauoriſe.

Melize entre.

Voicy celle qui ſcait captiuer, ſa franchiſe,
Et qui bien-toſt reduitte au ſort de ſon amant,
Ne dois pas eſperer vn meilleur traittement.

ACTE III.

SCENE V.

MELIZE, DELPHIRE.

Melize.

IL faut que ie t'aduoüe icy chere compagne,
Qu'auiourd'huy par excés le bon-heur m'accompagne
Assez pres de ce lieu i'ay trouué ce Berger;
Que ton mespris reduit aux termes de changer,
Il me tient pour l'obiet de sa flame amoureuse,
Et croit que de l'auoir, ie seray trop heureuse.

Delphire.

Il est certain qu'il à beaucoup de vanité;
Mais empeschez le cours de sa temerité,
Tenez, voyez icy l'excés de son martire,
Et que i'aye le plaisir de vous entendre lire,
Clitimant m'a donné cette commission,
Et ie m'en suis chargée à cette inntention:

Melize.

Ie croy qu'il mesle icy comme c'est sa coustume,
Quelques traits de folie auec ceux de sa plume.

Florigene.

Despeschez vistement ayons en le plaisir,
Et puis nous en rirons apres tout à loisir.

Melize lit la lettre.

PVis que la perfection est le premier obiet de l'amour; adorable Melize, & puisqu'vne beauté ne peut iuger du pouuoir de ses charmes, que par le nombre des cœurs, qu'il assubiettissent mon esprit, estant sorty de son aueuglement, & mon ame ayant remarqué les aduantages que vos attraits emportent sur les foibles appas de celle qui tenoit ma defaicte, pour la conqueste d'vn moment vient augmenter le nombre de vos esclaues, & se tiendra fort heureuse pourueu que sa temerité ne la face point condamner à d'autre supplice, qu'à brusler dans vos flames, & que vostre rigueur ne refuse point cette grace à l'amour de MELINTE.

Delphire.

O Dieux! qu'il est plaisant parmy sa resuerie,
Et qu'il scait bien vser des traits de flatterie;
Mais vous en receurez de l'incommodité,
Si vous ne preuués son importunité.

Melize.

Le moyen d'y pouuoir donner quelque remede.

Delphire.

Ne scauriez-vo⁹ trouuer de feinte qui succede;
Il vous faut pratiquer celle-cy seulement,
Faites luy par escrit vn mauuais traittement;
N'employez que les mots de rigueur dans vos termes:
Il n'aura pas long-temps des sentimẽts si fermes.

Melize.

C'est le meilleur aduis qu'on me puisse donner,
Pour l'empescher d'escrire & de m'importuner,
Allons donc appliquer tel remede à sa peine,
Qu'il n'ayt plus que des feux de vengeance ou de hayne,
Viens le querir ma sœur il est bien violent,
Mais il est necessaire à punir l'insolent.

ACTE QVATRIESME.

SCENE PREMIERE.

Delphire ſeule, tenant la reſponce de Melize.

ENfin le changement peut me rendre contente,
I'auray plus de bõ-heur, ſi ie ſuis moins cõſtante,
Et l'eſtat de mon cœur alors ſera changé,
S'il n'a plus d'autre amour que pour eſtre vangé,
Cruel, enfin le Ciel à permis que i'obtienne,
Cette lettre qui cauſe & ta perte & la mienne,
Melize auec ſa plume aßiſtant mon deſſein,
N'y met pas vn ſeul trait qui ne perce ton ſein,
Qu'il m'importera peu dãs ce mal-heur extréme
De perdre Florigene, en me perdant moy meſme,
Au moins ie le verray dans l'excez des douleurs,
Verſer autãt de ſang, comme i'ay fait de pleurs,

Et bien qu'vn cœur leger face naiſtre ſa plainte,
Il n'en receura pas vne legere atteinte:
Mais ie ſuis trop portée au ſoin de l'adorer,
Pluſtoſt que voir ſon mal ie voudrois l'endurer,
Et i'ayme tellement ma fortune & la ſienne,
Que ſa perte ne peut arriuer ſans la mienne,
Ce Berger à mon cœur, puis-ie donc l'offencer,
Sans que d'vn meſme coup ie me ſente bleſſer,
Non, s'il veut eſtre abſous du crime de ſes charmes,
Il n'a qu'à ſe purger ſeulement dans mes larmes,
Mais c'eſt trop balancer dans mon intention,
Et mon ame a trop peu de reſolution,
Si ie pers Florigene, auſsi le veux-ie ſuiure,
On doit ſcauoir mourir quand on ne peut plus viure,
En mon eſprit qui cherche vn moyen de guerir,
Croit que ceſſer de viure eſt ceſſer de mourir,
Sus donc ne tarde plus à te venger mon ame,
Dois-tu pas eſtre prompte eſtant toute de flame,
C'eſt proche de ce bois dans ce beau promenoir,
Ou mon doux ennemy ſe doit rendre à ce ſoir,
Allons au rendez-vous vne affaire eſt meilleure,

Quandon ſcaitbienvſer desmoyens & de
l'heure,
Dieux! ſi ie n'vſe bien de cette occaſion,
Que ie prevoy de honte & de confuſion.

ACTE IV.

SCENE II.

MELINTE, MELIZE.

Melinte.

DOncques ie ne puis rien eſperer de ta
grace,
Tout aupres de mes feux ton cœur pareſt de glace
Pourquoy me refuſes-tu cét oyſeau que voicy,
Que mon ame te vouë & te conſacre icy,
Ie ſcay bien cher obiet que mon offre eſt petite,
Et que c'eſt peu de choſe au prix de ton merite,
N'en iuge pas mon cœur ſelon la qualité,
Et prens garde à ſon prix moins qu'à ma volonté
Ie te l'offre d'vn cœur ſincere & legitime,
Et ce n'eſt qu'vn ſimbole ou mõ amours exprime,

Cét oyseau dans sa cage est-il pas en prison.
Et tes traits n'ont-ils pas enchesné ma raison.

Melize.

I'ay bien peu de creance à l'ardeur qui t'emporte,
Si ton cœur ne sent point vne prison plus forte,
Si tu souffre, c'est bien contre ma volonté,
Ie veux briser les fers de ta captiuité,
Donne moy cét oyseau ie te feray connaistre,
Que ie ne luy veux pas moins de bien qu'à son maistre.

Melinte.

I'offre donc ma Deesse à vostre œil mõ vainqueur,
Le portrait de ma peyne & de vostre rigueur.

Melize.

Aussi pour te monstrer, Berger cõme ie t'ayme,
Et cõme tõ repos m'est plus cher qu'à toy mesme,
Ie tire cét oyseau de sa captiuité,
Et donne à ton esprit la mesme liberté.

Melinte.

Ah! cruelle beauté qui cache sous tes charmes,
Vn cœur qui ne se paist que de sang, & de larmes,
Deliurant cét oyseau deliure aussy mon cœur,

Qui languit trop long-temps aux fers de ta rigueur.

Melize.

Suy l'exemple, Berger de cét oyseau volage,
Qui s'enuole de peur qu'on le remette en cage.

Melinte.

Tu te ris donc cruelle & mesprises mes veux,
Tandis que mon cœur brusle au milieu de mes feux,
Ah! Bergere inhumaine est-ce bien fait de rire,
Voyant souffrir vne ame & causer son martire.

Melize.

Melinte si ie ry i'en ay suiet aussy.

Melinte.

Vos rigueurs vous font rire, & moy i'en pleure icy.

Melize.

Berger ne me crois pas iusqu'au point inhumaine
Ie ry de ta folie, & non pas de ta peine.

Melinte.

On se mocque souuent du mal qu'on a causé,
Il est vray que vos yeeux m'ont par trop abusé,
Et ie ne parois fous dans ma flame nouuelle,
Qu'alors que ie vous crois aussi douce que belle,

Mais en quelque façõ recompensez mes soings,
Prenez chere Beauté cette lettre du moins,
Lisez là, le plustost qu'il vous sera possible,
Ce n'est pas pour vous rendre à mon mal-heur sensible,
Mais vn ieune Berger me charge expressement,
De la faire tenir en vos mains seulement.

Melize.

Melinte, ie verray tantost ce qu'il veut dire,
Il ne m'en coustera que la peine de lire,
D'où vient-elle.

Melinte.

Voyez

Melize.

Que ie le sçache.

Melinte.

Non
Mais quand vous aurez leu, vous en sçaurez le nom.

Melize.

Ie veux donc toute seule en faire la lecture,
Et i'apprendray bien-tost le nom par l'escriture,
Retire toy Melinte, & fais moy ce plaisir,

De me laiſſer icy pour la voir à loiſir.

Melinte.

Diſpoſez de mon coeur comme de mon ennuie,
N'ayãt pas eu l'honneur de vous plaire à ma vie,
Au moins ce reconfort pourra me ſoulager,
Qu'en vous obeyſſant i'ay peu vous obliger.

Il ſort.

Melize.

Pendant que ie ſuis ſeule il vaut mieux que ie voye,
Dans ce petit papier ma triſteſſe ou ma ioye,
Florigene ſans doute à fait vn tour d'eſprit,
Pour me faire tenir ce petit mot d'eſcrit,
Ie croy pour moy que c'eſt quelque choſe preſſée,
Ie connois l'eſcriture, & ſa mais l'à tracée,
Mais voyons ce que c'eſt mon amour curieux,
Veut lire cette lettre encor qu'il n'ayt point d'yeux.

Elle lit la lettre que Florigene auoit enuoyée à Orante, qui se voit à la quatriesme Scene du deuxiesme Acte.

Elle commence ainsi.

Ie veux. Et ce qui s'ensuit.

Elle continuë.

Est-ce vne verité ce que ie viens de lire,
Ou plustost est-il vray ce que ie viens de dire,
Et dedans cét escrit qui conclud mon trespas,
Florigene est perfide, ou bien ie ne voy pas,
Peut estre que ie suis de raison despourueuë,
Lors qu'on est amoureuse on peut manquer de veuë?
Non, non, bien que l'amour me tienne en son pouuoir,
Ie puis bien ressentir mon malheur sans le voir,
Et mon cœur aueuglé forçant ma resistance,
Ne demãde point d'yeux pour voir son incõstance,
Florigene est perfide, ô Dieux! vangés mon cœur,
Il à bien de l'amour & n'a point de rigueur:

Imitons ce Berger en ſon humeur volage,
Et non pas toutefois pour luy faire vn outrage,
Non pas pour me vanger de ce cœur inconſtant,
Mais pour rendre Melize heureuſe & luy content,
Ie puis doncques changer, ce traiſtre m'y conuie,
Mais ie ne veux changer que la mort à la vie,
Il vaut bien mieux qu'il face vn eſchange amoureux,
Que ie ſois moins volage, & qu'il ſoit plus heureux.

ACTE IIII.

SCENE III.

CLITIMANT, MELINTE,

Clitimant.

TOy qui connois l'eſtat ou mon ame eſt reduitte,

Et qu'vn mesme destin menace ta poursuitte,
Quitte cette beauté dont les charmes t'ont pris,
Plus ton cœur à d'amour, plus elle à de mespris,
Tu deuois cher amy connaistre à son approche,
Que sous vn teint de neige estoit vn cœur de roche,
Elle donne l'amour, mais c'est pour s'en priuer,
Ou biẽ c'est que son cœur n'en sçauroit cõseruer,
Hé Dieux! ie ne suis pas dans vn moindre martyre,
I'espreuue to⁹ les iours les froideurs de Delphire,
Et ce cœur dont l'amour ne sçauroit triompher,
S'endurcit à ma flame au lieu de s'eschauffer.

Melinte.

De mesme que tu vois mon cœur changer pour elle,
Ainsi ma peine change & deuient plus cruelle,
I'espreuue le destin tousiours plus rigoureux,
Et plus mon esprit change & moins ie suis heureux,
Mais c'est bien vainement que ma flame balẽce,
Ie n'ay plus de conseil que pour la violence,
Pouuons-nous pas rauir ces deux obiets vainqueurs,

Apres qu'ils ont rauy nos ames & nos coeurs.

Clitimant.

Que la force Melinte, à bien peu de puissance,
Voyant taut de beautez auec tant d'innocence,
La mesme cruauté prenant vn coeur de chair,
A de si beaux appas se laisseroit toucher,
Et voyant les beaux noeuds qui tiennent ma franchise,
Rauie, elle y voudroit elle mesme estre prise.

Melinte.

Aussi pour me venger de Melize à mon tour,
Mes yeux serõt couuerts du bãdeau de l'amour.

Clitimant.

Helas que de raison ton ame est despourueuë,
Bien que l'amour nous mette vn bandeau sur la veuë
Nous ne pouuons iamais éuiter leurs appas,
Si nos yeux sont cachez nostre coeur ne l'est pas,
Et lors que ta Melize à charmé ta pensée,
De ses traits sans les voir ton ame fut blessée.

Melinte.

Tu mõtre bien qu'amour te possede auiourd'huy,
Car tu te fais paraistre aueugle comme luy;

De

De crainte que mon feu ſe r'allume en ſes charmes,
Mes yeux opoſeront ce qu'ils verſent de larmes,
I'opoſeray ſa hayne aux traits de ſa beauté,
Et contre ſes appas ceux de ſa cruauté.

Clitimant.

Quelque peu de raiſon qui pareſſe en l'affaire,
Ta reſolution commence de me plaire,
Il reſte ſeulement de la mettre en effect,
A la fin mon amour ſe verra ſatisfaict,
Et comme ſur mon cœur d'Elphire eſt ſouueraine,
Deſſus tous mes ſuiets, elle ſera la Reine.

Melinte.

Que parles-tu de Reine, as-tu l'eſprit bien ſain.

Clitimant.

O Dieux! ma propre lãgue à trahi mon deſſein,
Ie connais neantmoins ſon ame toute nuë,
Et ſa fidelité ne m'eſt pas inconeuë,
Ie veux me repoſer ſur ſa diſcretion,
Du ſecret important de mon affection.

Melinte.

Que dis-tu là tout bas,

Clitimant.

C'eſt choſe d'importance
Et que ie veux commettre à ta ſeule prudence.

Melinte.

Clitimant ne feins point, declare ton ſecret,
A qui ſcait eſtre ſage autant comme diſcret.

Clitimant.

Doncques ſous ces habits reconnais ton vray Prince,
Ie commande abſolu dedans cette Prouince,
Et l'amour s'eſtant faict de mon ame vainqueur,
A changé mes habits ſans me changer le cœur.

Melinte.

A! mon Prince excuſez mon erreur impreueuë,
L'amour auec mon ame auoit troublé ma veuë,
Delphire auoit raiſon de meſpriſer ma foy,
Puis qu'elle auoit deſſein de poſſeder mon Roy,
Et ce Dieu des amants monſtra lors ſa puiſſance,
Quand il me retira de ſon obïſſance,
Car c'eſtoit ſans raiſon que i'aimois vn obiet,
A qui ie deurois rendre vn deuoir de ſujet,

Clitimant.

Berger ton ignorance eſt aſſez pardonnable,

Et ton aueuglement rend ta faute excusable,
Parle moy librement n'en vse plus ainsi,
Et vis auecques moy comme ie vis icy,
Ie cheris ton humeur, mais si tu n'as enuie,
De me desobliger aux despens de ta vie,
Ne me rends plus d'honneur tãt de submißions,
Te priueroient du iour de mes affections.

Melinte.

Ie me sousmets tousiours à vostre hũble seruice.

Clitimant.

Ie crains que ton esprit enfin ne me trahisse.

Melinte.

I'auray pour mieux seruir mon Prince & mon vainqueur,
La feinte dans la bouche & le deuoir ou cœur.

Clitimant.

Ie desire Berger, que tu faces parestre,
Que tu ne me cõnais pour Prince ni pour maistre,
Ton deuoir m'est cõtraire et ne m'est pas suspect,
Berger nostre dessein s'en pourra mieux cõduire,
Et tu m'oblige plus ayant moins de respect,
Au lieu que ces hõneurs y peuuẽt beaucoup nuire
Lors que nous aurons mis dessous nostre pouuoir,

Ces cruelles beautez tu feras ton deuoir,
C'est lors que tu pourras, mais voici l'inhumaine
Que i'honore biẽ tost des honneurs d'vne Reine.

ACTE IV.

SCENE IIII.

Delphire, Melinte, Clitimant.

Delphire.

ENfin c'est presque fait, & le Ciel à permis,
Que mõ cœur soit vengé de tous ses ennemis,
Il a tout le bon-heur qu'il pouuoit se promettre,
Pourueu que Clitimant luy donne cette lettre.
Mais le voicy luy mesme, il le faut appeller,
Berger, vn mot ou deux.

Clitimant.

Melinte il faut parler.

Delphire.

Hé bien Pasteur; enfin vous me faites seruice,
Et desia vostre amour me rend vn bon office,

Vous auez faict tenir ma lettre.

Clitimant.

Non pas moy.

Delphire.

Qui donc.

Melinte.

C'est ce Berger.

Delphire. *Quoy Melinte est ce toy.*

Melinte.

Ie luy donnay moy mesme.

Delphire.

Ah! ie te remercie,
Mais encor ton amour est-elle reußie.

Clitimant.

Dis luy qu'elle t'adore.

Melinte.

Helas! cette beauté
Me fait plus de faueur que ie n'ay merité,
Elle à receu mes vœux & son ame fidelle.
A plus d'amour pour moy que ie n'ẽ ay pour elle.

Delphire.

Mes persuasions ont touché son esprit,
Lors que pour luy donner i'ay receu ton escrit.

Or ſus retirez-vous pour moy i'ay quelque af-
L'occaſion s'eſchappe à qui conque difere. [*faire*

Clitimant.

Allons nous preparer Melinte, à ce deſſein,
Que ſans doute l'amour t'inſpire dans le ſein.

Delphire ſeule.

Apres tant de tourmens enfin l'heure eſt venuë,
Que ie ſeray vengée & ma flame connuë,
Cette nuit ie verray ma peine s'alleger,
Et la fin de ce iour commence à me venger,
Lors ie croy que l'amour en finiſſant ma trame,
Aux flambeaux de la nuit adiouſtera ma flame,
Elle ne verra point l'incoſtance du temps,
Et ne ſuiura ce cours que des aſtres conſtants,
Mais ie differe trop d'auoir mon allegeance,
Melize ſent deſia les traits de ma vengeance,
Et puiſque Florigene auec elle n'eſt qu'vn,
Mon couerroux leur doit eſtre eſgalement com-
mun,
I'ay deſia reconnu dans ce petit bocage,
Vn vieux ſaule creuſé par la ſuitte de l'aage,
Et i'ay bien remarqué que mon perfide amant,
Auec elle s'en ſert comme d'vn truchement,

Parce que tous les ſoirs dans ſon creux ils vont prendre,
Ce que deuant le mõde ils n'oſeroient ſe rendre,
Merueille, que ce cœur ſoit dur à mes regrets,
Et qu'vn arbre ſe fende à cacher ſes ſecrets,
Mais il faut qu'il me ſerue & ie me voy contrainte,
De luy mettre en dépoſt mon amoureuſe feinte,
Et ie veux y cacher la lettre que voicy,
Florigene außi-toſt la viendra prendre icy,
Elle eſt bien ſupposée & Melize l'addreſſe,
A ce pauure inſensé dont ie fus la maiſtreſſe,
C'eſt pour Melinte ſeul qu'elle eſt faite auiourd'huy,
Et mon amour la feint pour vn autre que luy.

ACTE IIII.

SCENE V.

Orante seule.

Cruel tyran des cœurs, doux sorciers de nos ames,
Descouure vn peu tes yeux pour descouurir mes flames,
Ouure puissant demon ceux du corps seulement,
Tu me feras ouurir ceux de l'entendement,
Afin que mon esprit inuente vn stratagesme,
Pour captiuer le cœur de ce Berger que i'ayme,
Mais que ie le reclame auec peu de raison,
Le pouuoir de ce Dieu nuit à ma guerison,
D'ou procede mon mal, puis-ie auoir mõ remede,
Tous ses traits m'ont blessée il n'en a point qui m'ayde,
Et toute sa puissance est borné en ce point [point,
Que mon cœur n'est qu'amour & ne me guerit
Depuis que Florigene à charmé ma pensée,

Depuis que de ses traits mon ame fut bleßée,
Et depuis que sa veuë à causé mes mal-heurs,
Ie suis morte aux plaisirs, & viuante aux douleurs,
Sa glace de mes feux semble tirer son estre,
Et s'il à des froideurs ma flame les fait naistre,
Mon esprit à trouué le poison sous les fleurs,
Et mon feu seulement ne produit que des pleurs,
Dieux! peut il engendrer l'amour sans le connaistre,
Il desauouë vn Dieu que sa beauté fait naistre,
Ce Pasteur ne croit point posseder tant d'appas,
Il connaist toute chose & ne se connaist pas:
Son trop de modestie aueugle sa puissance,
Et sa simplicité trahit sa connaissance,
Car si par fois ie dis que luy seul est mon iour,
Il me dit qu'il ne sçay ce que c'est que d'amour,
Amour sur son visage est vn lieu de delices,
Et l'amour dans mon cœur en est vn de supplices,
Mais il me faut cacher, ie croy que le voicy,
Außi-bien ne peut-il que m'affliger icy.

ACTE IV.

SCENE VI.

Florigene, Orante.

Florigene.

ON ne voit presque plus desia par les campagnes,
Le iour semble tomber du sommet des montaignes,
La Lune dans le Ciel va commencer son tour,
Et les yeux de la nuit ferment celuy du iour,
Belle nuit qui me voit icy sans ma Maistresse.
Vante ma patience & blasme sa paresse,
Sans doute on me prendra dans l'estat ou ie suis,
Pour vn de ces esprits qui ne vont que les nuits,
Car estant esloigné du bel œil qui m'enflame,
Ie suis moindre qu'vne ombre & n'ay qu'vn corps sans ame.

Orante cachée.

Et l'on prendra mes feux en les voyant sans fruit

Pour vn de ces ardants qui paressent la nuit,
Car qui suit leur lumiere & leurs fausses mali-
Il se voit à la fin dedans des precipices. [ces,

Florigene parlant de Melize.

ENfin c'est paraistre inhumaine,
C'est trop faire attendre vn Amant,
Mais si tu te plais en ma peine,
Sans me faire languir viens la voir seulement.

Orante cachée parlant de Florigene.

Enfin ton ame est inhumaine,
Sans auoir de trefue vn moment,
Ie meurs en l'excez de ma peine,
Mais pour la sçauoir mieux viens la voir seu- [lement,

Florigene.

Tu tardes plus que de coustume,
Tu fais trop languir mes desirs,
Dieux que mon cœur à d'amertume,
Et que ie boy d'absinthe en si peu de plaisirs.

Orante.

Tu ne changes point de coustume,
Tousiours cruel à mes desirs,
Mon cœur n'a que de l'amertume,

Florigene.

Donc ne tarde plus d'auantage,
Cette nuict i'ay fait vn dessein,
D'auoir des fleurs de ton visage,
Et d'en cueillir apres les fruits dessus ton sein.

Orante.

Ne sois plus cruel d'auantage,
Ne trauerse plus mon dessein,
Aymant les fleurs de ton visage,
En auray-ie tousiours les espine au sein.

Florigene.

Il faut qu'vn autre te possede,
Cruelle si tu ne viens pas,
Mais la mort sera mon remede,
Et ie redoute moins ses traits que tes appas.

Orante.

Il faut qu'vne autre te possede,
Cruel si tu ne m'aymes pas,
Mais la mort sera mon remede,
Et ses traits me seront plus doux que tes appas.

Florigene.

Sus donc il faut mourir, cherchons vn precipice,
Qui finisse ma vie auecques mon supplice.

Mais va treuuer plustost cette ingratte beauté,
Qui fait vn tel outrage à ta fidelité,
Meurs deuant les beaux yeux dont l'esclat te surmonte,
Fais le rougir de sang s'ils ne le sont de honte,
Toutefois differons le moyen de mourir,
Souuent ie trouue icy le moyen de guerir,
Cette belle d'esprit comme d'appas pourueuë,
Alors que quelques soings me desrobent sa veuë
Par ses lettres me dit ce qui peut l'empescher,
Dans le creux de cét arbre, elle en a peu cacher,
Visitõs-le partout, mais ô Dieux! i'en tiens vne,
Pour la lire il suffit des clartés de la Lune,
Modere toutefois ce curieux desir,
Et reserue à demain pour la voir à loysir,
Melize est trop constãte et ie me hay moy mesme,
De l'auoir tant blasmée en ma fureur extréme.

Orante.

Il ayme donc Melize ô Dieux qu'il est discret?
Et que dans son amour il s'est tenu secret,
Mais bien qu'il ait voulu l'empescher de paraistre,

La nuit auoit trop d'yeux pour ne la pas cõnaistre
Donc sans nous arrester en de si longs discours,
Nous scauõs ses secrets trouuersons ses amours.

ACTE V.

SCENE PREMIERE.

CLORANGE en Hermite.

QV'heureux est celuy-là qui franc d'in-
quietude,
Va confiner ses iours dans vne solitude,
Qui pour mieux conseruer son ame en liberté,
Establit son repos dan vn bois escarté.
Qui loing des vanitez dont vne Cour abonde,
Se tire des ennuis en se tirant du monde;
Qu'on ressent à la Cour en suiuant ses desirs,
De faux contentement & de vrais desplaisirs,
Et tant d'ambitieux qui suiuent les Monarques

Ne goustent les plaisirs que sous de fausses marques,
Le monde apres les Roys, maintenant ne court [plus,
Bien qu'ils traisnẽt en suitte vn nombre superflus,
Ceux que l'ambition dans ce temps importune,
Font seulement la Cour pour faire leur fortune,
Ou s'ils mettent leurs cœurs dans vn humble deuoir,
C'est à cause des biens qu'ils en pensent auoir,
Alors que le destin me parut plus propice,
Mon espoir est tombé du faiste au precipice,
Et de Roy que i'estois ie me voy la reduit,
Qu'il me faut cõtẽter d'vn peu d'herbe et de fruit
Iadis lors qu'on à pris ma valeur pour cõduitte,
La victoire tousiours s'est rangée à ma suitte,
Ie voulois que la terre obeist à ma loy,
Et ne reconneust point d'autre Prince que moy,
Maintenant solitaire en vn bon-heur extréme,
Ie n'ay d'ambition qu'a me vaincre moy mesme,
Mais bien que mon esprit se treuue satisfait,
Pourtant ie ne suis pas en repos tout à fait,
Vn fascheux souuenir mille trauaux me donne,
Et ce ressentiment iamais ne m'abandonne,

Lors que le Roy d'Elide vsurpa ce pays,
Et fit trembler d'effroy mes suiets esbays,
Que tout son peuple armé pour venger vne offen-
ce,
Vit toute l'Arcadie & son Roy sans deffense,
I'auois vn ieune, fils, mais le bon-heur voulut,
Qu'il fut loin de son pere & pres de son salut,
I'abandonné sa sœur de la mesme puissance,
Vne mesme heure außi me fit voir leur nais-
sance,
Vne ieune beauté suiuit encor ces deux,
D'vne mesme grãdeur et de mesme âge qu'eux,
Ils n'auoient pas quatre ans à lors que cette
guerre,
Me les fit enuoyer bien loin de cette terre,
Helas! mes chers enfans en quelque estrange
bord,
Que vous ait transporté la colere du sort,
Ie partages auec vous la peine & lés outrages,
Qu'on peut faire souffrir à vos ieunes courages,
Et ie serois heureux icy parfaittement,
Si ce n'estoit la peur que i'en ay seulement.

ACTE

ACTE V.

SCENE II.

Florigene, Orante.

Florigene.

ENfin le iour naiſſant commence de pareſtre;
L'aurore dans le Ciel vient de le faire naiſtre,
Il me faut icy voir cét eſcrit bien-heureux,
Qui ſoulage ma peine & mes ſoings amoureux,
Soleil, ouure tes yeux voy ce papier aymable,
Et regarde auec moy ce qu'eſcrit ton ſemblable.

Il lit la lettre de Melize.

EN fin paſteur c'eſt trop ſouffrir voſtre importunité, voſtre amour n'eſt propre qu'à querir ma triſteſſe, & non point à partager les afflictions de ma vie, quelques veux que vous me rendiez, ie pareſtray deſormais auſſi froide à vos paſſions, que i'eſtime voſtre changement blamable, & vous pouuez tout eſperer, ſi ce n'eſt l'affection de

Melize.

Melize eſt inconſtante, ô Dieux! eſt il poßible,
Qu'elle face à ma flame vn affront ſi ſenſible,
Helas? ie reconnais dans ces traits de rigueur,
Que ſon ingratitude luy faict changer le cœur,
Beau Soleil, punis moy, i'ay faict vne iniuſtice,
La comparant à toy ie merite vn ſupplice,
On ne te voit changer que tous les ans ton cours,
Et ſon amour perfide en change tous les iours,
Bel Aſtre de la nuict, ne prens point ma deffenſe,
La preferant à toy, i'ay commis vne offence,
Ton cours ne peut changer que les mois ſeulement,
Et ſon volage cœur ſe change à tous moment,
Dieux? qu'on voit rarement dans ce ſiecle ou nous ſommes,
La conſtance à la femme & le ſageſſe aux hommes,
Sa flame teſmoignoit de ſes legeretés,
Son ame en receuoit toutes les qualités,
Melize eſt inconſtante, Asl croiray-ie ſa lettre,

Et mon ressentiment me le peut-il permettre,
Adiousteray-ie foy plustost à cét escrit,
Qu'aux sermens dont elle à rasseuré mon esprit,
Ses sermens sont-ils faux, ou biẽ ce que ie touche,
Et croiray-ie plustost sa lettre que sa bouche,
Ouy, Melize à chãgé les sermẽts qu'elle à fais,
Et cette lettre cy, ne changera iamais,
Melize au changement enfin se voit rangée,
Et ta peine pourtant ne se voit poine changée,
Helas! on reconnaist dans ce change odieux,
Qu'elle n'à rien de plus arresté que les yeux.

Orante à l'escart.

Dieux? que dit ce cruel, affin que ie le scache,
Il faut que pour vn temps cét arbre cy me cache.

Florigene.

Puis qu'elle a gouuerné mon ame absolument,
Dois-ie faire cõme elle et coure au changement,
Non, non, mourons plustost constants dans cette gloire,
Que mon cœur sur le sien remporte la victoire,
Que l'ingratte se vante au moins ne l'estant pas,
Qu'elle à peu faire vn cœur constant par ses appas,

Orante ſeule.

Ou va cét inhumain ſon deſeſpoir l'emporte,
Et ſa raiſon captiue eſt icy la moins forte,
Il ſe plaint de Melize & de ſon changement,
Et cette Belle à faict poßible vn autre amant,
O Dieux? s'il eſtoit vray qu'elle ſe fuſt changée,
Amour, qu'en ce point là tu m'aurois obligée,
Mon cœur paßionné t'offriroit mille veux,
Et dans ſa flame eſteinte allumeroit mes feux;
Que ce penſer eſt doux à qui vit d'eſperance,
Et qu'il offre de biens à ma perſeuerance,
Prens garde à ne rien faire à ta confußion,
Et ſers toy dextrement de cette occaſion;
Ce Paſteur doute encor ſi Melize eſt volage,
Fais qu'vne inuention l'aſſeure dauantage,
Teſmoigne à ce Berger, de ſa deſloyauté,
Et rend ſon cœur ſenſible à ta fidelité:
Vn remede à propos me vient en fantaiſie,
Et mon repos naiſtra dans cette ialouſie,
Sus grauons quelque vers ſur ce Tronc endurcy,
Bien moins dur que ſon cœur & plus ſenſible auſsi,
Il ſouffre bien mes traits graués ſur ſon eſcorce,

Et contre cét ingrat ils n'ont aucune force,
Mais auec cét arbre il s'impathize assez,
Ils les souffrent tous deux, mais n'en sont point blessez,
Et restans sans pouuoir contre ce cœur de roche,
Ils retournent frapper celle qui les decoche,
Mais les traits de ma main le blesseront-il mieux
Pourront-ils plus sur luy que ceux là de mes yeux,
Voyons de ce remede & quoy qu'il soit funeste,
Apres mille essayez, c'est le seul qui me reste,
A la finie pourray quoy qu'il ait de rigueur,
Ce que ie graue icy, le grauer sur son cœur,
Et bien qu'il eust vne ame aussi dure qu'vn marbre,
Mes traits le perceront s'il les voit sur cét arbre,
Et s'il peut rendre vn iour mon martire adoucy,
Ie liray sur son cœur ce que i'escris icy.

Elle graue des vers sur vn Arbre.

Enfin ces vers feront sur son cœur vn miracle,
Et ma feinte chez luy passera pour Oracle,
Retirons nous mon cœur, ce beau coup acheué,
Tu pourras captiuer, ce qui t'a captiué.

ACTE V.

SCENE III.

Clitimant, & Melinte, en habits de Soldats.

Clitimant.

COmpagnons de fortune, ainsi que de franchise,
Confident de ma flame, & de mon entreprise;
Enfin puisque l'amour nous dresse en ses cõbats,
Il nous faut bien parestre en habits de Soldats.

Melinte.

L'occasion est belle, & les destins propices,
Et la fin de nos vœux couronne nos delices.
Mon Prince il nous faut voir ce dessein limité,
Sans auoir nul esgard d'appas n'y de beauté,
Ou si nous les trouuons à nos desseins rebelles,
Tesmoignons que nos cœurs ont moins de douceur qu'elles,

Et puis qu'amour n'a peu ſurmonter leur ri-
gueur,
Il ne faut que ce fer à leur percer le cœur.

Clitimant.

En vain tu taſcherois d'aſuiectir leurs ames,
Le fer y ſeroit-il plus puiſſant que les flames,
Ce fer ouurant leur cœur les priueroit du iour,
Et nous verrions leur ſang pluſtoſt que leur amour.

Melinte.

Pluſtoſt que de percer le coeur de ces deux au-
tres,
Nous ſerions en danger de n'ouurir que les no-
ſtres,
Car dés que leurs appas nous mirent en lãgueur,
Chacun de nous offrit ſon ame à ſon vainqueur,
Et nous euſſions deſia veu la fin de nos trames,
Mais nous deuons la vie au ſecours de nos fla-
mes.

Clitimant.

Auant que d'employer ce fer à les bleſſer,
Ma main s'en ſeruira pluſtoſt à m'offencer,
Et puiſque ton eſprit vſurpe la licence,
De monſtrer ſes deſirs & ta concupiſcence,

Pour les flechir il faut de ton sang seulement,
Celuy de bouc suffit à rompre vn diamant.

Melinte.

Ah! mon Prince excusez, bien que mon inprudence,
Se soit faicte à vos yeux paraistre en euidence,
Vous verrez toutefois iugeant de mon deuoir,
Que iamais sans la force on ne les peut auoir,
Si vous n'intimidez leur foiblesse pour crainte,
Leur amitié pour vous ne peut estre que feinte.

Clitimant.

Ie ne pourray iamais me resoudre à ce point.

Melinte.

Laissez la violence, & ne l'employez point,
Sans en vser vostre ame à ce qu'elle desire,
Vn moyen reste encor à surmonter Delphire,
Apres que nous aurons enleué de ces lieux,
Ces obiets dont nos cœurs idolatrent les yeux,
Mon Prince faites voir qu'elle est vostre naissance,
L'esclat de vostre gloire & de vostre puissance,
Alors cette beauté vous aymant à son tour,
Vostre sceptre sera plus puissant que l'amour.

ACTE V.

SCENE IV.

Clidor seul.

DOux poison des esprits, peste de la ieunesse,
Ennemy de mon âge, autheur de ma tristesse,
Amour cruel tyran, de quiconque te suit,
Que celuy qui t'adore à soy mesme se nuit,
Tu fais paraistre aux yeux ta douceur infinie,
Mais sous de beaux appas c'est vne tirannie,
Tu n'as rien seulement qui tes feux immortels,
Ta gloire est perissable ainsi que tes autels,
Si l'on t'offre des veux ce n'est que par contrainte
Et l'on t'adore plus par respect que par crainte;
Depuis que Florigene à reçeu dans son cœur,
Les traits dont vn enfant s'est rendu son vainqueur,
Ie voy dans le soucy son ame enseuelie,

Et ſon amour pareſt en ſa melancholie,
Il n'eſt point mon enfant, il eſt né fils de Roy,
Comme Berger pourtant, ie l'ay tenu chez moy,
Lors qu'on me l'apporta ie luy treuuay ces chaines,
De ſon extraction des marques trop certaines,
Et ie treuay ces mots ſur l'anneau que voicy,
Cet enfant eſt né Prince et qu'on le tienne ainſi.
Le Soleil par vingt fois à veu toute la terre,
Depuis qu'en ce pays, on vit naiſtre vne guerre,
Ou le Prince d'Elide en chaſſant noſtre Roy,
Vit toute l'Arcadie obeïr à ſa loy,
On me donna pour lors cét enfant de bas aage,
Qui ſeul d'entre les grands euita le n'aufrage:
Mais comment pourra t'il releuer ſa maiſon,
Puis qu'vn enfant le dõpte & le tient en priſon,
Vne ſimple Bergere aſſeruit ſa franchiſe,
Et tout Prince qu'il eſt ſa beauté le maiſtriſe,
Il eſt certain qu'elle à des appas rauiſſans,
Mais pour vaincre ſon ame ils ſont trop impuiſ-
Alors que le bõheur fera voir ſa naiſſance [ſãs,
Les beautez de la Cour cheriront ſa puiſſance,
Et ſa Melize à lors tremblant à ſon aſpect,

Aura pour luy bien moins d'amour que de respect?
Mais qu'est ce que ie voy, c'est la Bergere Orante,
Son beau visage est peint d'vne couleur mourante,
Dieux qu'elle est afligée, escoutons vn moment,
Et nous scaurons bien-tost l'obiet de son tourment.

ACTE V.

SCENE V.

Orante, Clidor.

Orante.

FVnestes bourreaux de mon ame,
Ennemis coniurez de mes cõtentements,
Qui me liurez plus de tourments,
Que n'a fait l'amour & sa flame,
Enfin donnez la treue aux rigueur de mon sort:
Que ie voye ma peine vn moment arrestée,

Puis-ie estre à la fois tourmentée,
Des fleches de l'amour & des traits de la mort.

I'ay pour les autheurs de ma plainte,
L'amour & le remords qu'elle ne peut toucher,
Et mon cœur n'estant point Rocher,
Chaque trait y fait vne atteinte,
Iustes Diuinités ? empeschez leur effet,
Esgallés à l'offense vn tourment legitime,
Ie sçay que i'ay commis vn crime,
Mais ma punition surpasse mon forfait.

Mes maux d'heure en heure s'augmentent,
Mon cœur porte auec soy tousiours deux enne-
Pour vn crime que i'ay commis, [mis
Deux bourreaux inhumains sans cesse le tour-
mentent,
Mes yeux meritent bien d'estre priuez du iour,
Ils m'ont sollicitez à trahir Florigene,
Et ie merite bien sa haine,
Car ce n'est pas l'aymer d'empescher son amour.

Clidor.

O Dieux! cette Bergere à nommé Florigene,

Seroit-ce bien l'autheur de ſa cruelle peine.

Orante.

Voy le pere à celuy qui te ſceut captiuer,
Et qui donna la vie à qui t'en va priuer,
Conte luy le ſuiect de ta longue miſere,
Tu fus cruelle au fils, ne le ſois pas au pere,
Dieux pour commettre vn crime il ne faut qu'vn moment,
Et le remorts qui ſuit dure eternellement,
Clidor, icy Paſteur.

Clidor.

Que voulez-vous Orante.

Orante.

Que tu ſcaches d'où vient cette couleur mourante,
Ton fils en eſt l'autheur ſes yeux & ſes appas,
Promettoient à mon cœur vn bien qu'ils n'auoient pas,
Il m'a rauy les ſens, & les traits de ſa grace,
Ont trouué dans mon cœur vne fidelle place,
Enfin ie reconnois tous mes deſſeins deſtruicts,
Ie ſeme, mais vn autre en recueille les fruicts,
Il adore Melize, il ne vit que pour elle,

Mais elle s'est monstrée auiourd'huy peu fidelle,
I'ay cherché les moyens qu'ils ne l'adorast plus,
Et mes empeschements si treuuent superflus:
Ce Pasteur me desdaigne et fuit de ma presence,
Auec autant de soing que ie hay son absence,
N'agueres ie l'ay veu dans vn port furieux,
Detester sa maistresse & maudire ses yeux,
Et lors son desespoir l'emporta de furie,
Dans vn bois escarté passer sa resuerie.

Clidor.

Helas que dites vous! plustost qu'ay-ie entendu.

Orante.

Ie pense qu'il se soit à cette heure perdu.

Clidor.

Vous me feriés plaisir de m'y venir conduire,
Pourueu qu'à vos desseins cela ne puisse nuire.

Orante.

Clidor le Ciel pour moy n'auroit plus de courroux,
Si i'y pouuois seruir vostre fils comme vous.

ACTE V.

SCENE VI.

Florigene ſeul.

INiurieux tranſports de mon ame aueuglée,
Mouuements qui reglés ma raiſon d'eſrei-
Ceſſés de me parler de ce vologe eſprit, [glée:
Vn moment m'a rendu ce qu'vn moment me prit,
Melize eſt inconſtante elle à trahit ma flame,
En m'oſtant de ſon cœur, oſtés là de mon ame;
Mais ne l'effacés pas iuſques au dernier trait,
Ce que mon cœur conſerue encor de ſon portrait,
Mon ame ayãt touſiours les traits de cette belle,
Elle apprendra du moins à ce rendre infidelle,
Mais ne l'imite point taſche à la ſurpaſſer,
Et ſuy le beau chemin qu'elle vient de tracer,
Puis qu'amour dans ton cœur auoit baſty ſon temple,
Sçaurois-tu faire moins que ſuiure ſon exemple,

Ou bien si c'est faillir de violer sa foy,
La perfide Melize est coupable auec toy,
Les crimes amoureux sont exempts de supplice,
Et ma faute est trop belle, en l'ayant pour complice,
Melize au changement à treuué des appas,
Tu ferois donc vn crime en ne la suiuant pas,
A quoy se resoudra ma douteuse pensée,
Quel remede est plus propre à ma flame insẽsée;
Mais que le sort tousiours me soit plus rigoureux,
Qu'elle soit pl9 volage & moy plus malheureux,
Comme vn homme constant i'ayme mieux rendre l'ame,
Que tesmoigner au chãge vn courage de femme,
Ou bien si ie me veux seruir du changement,
Ie veux mon esprit se change seulement,
Et qu'il croye tousiours que le chãge est coulpable
Et qu'en amour ce vice est le moins pardonnable,
Mais Dieux! qu'ay-ie apperceu, ce sont peut-estre icy,
Des vers qu'on a graués sur ce tronc endurcy.

Il lit les vers escrits sur l'arbre.

Toy qui cheris encore celle qui t'abandonne,

Et dont vn estranger triomphe laschement,
Quittent cette infidelle adore vne personne,
Que tu verras portée à t'aymer constamment.

Que les diuinitez font pour moy des miracles,
I'apprens ma guerison par la voix des oracles,
Sus mon cœur change donc de resolution,
Et qu'vne autre ait l'honneur de ton affection,
De mon ferme propos le Ciel me fait d'esdire,
Ce qu'il oste à Melize, il le donne à Delphire,
Puisque cette beauté, se range sous mes loix,
Les Dieux en sa faueur disposent de mon choix,
Cette ieune merueille est tellement parfaite,
Que ie ne plaindray point la perte que i'ay faite,
Melize est sans appas aupres de son bel œil,
Ie ne pers qu'vne estoile & ie gaigne vn soleil.

Il se fait des cris pleintifs. *[plainte,*

Enfin quoy que s'en soit, mais d'ou vient cette
Dont mes sens sõt frappés et mõ ame est atteinte;
Mais que veulẽt encor ces deux l'espée au poing,
Les veulent-ils deffendre en vn si grand besoing.
Ouy ie les reconnais, ces genereuses ames,
Attaquent puissamment ces rauisseurs infames.

Approchons de plus pres, O Dieux! qu'ay-ie apperceu,
C'est Delphire et Melize, ou bien ie suis deceu,
Ou te voy-ie Melize, au point ou ie desire,
Mais ie te veux deffendre à cause de Delphire.

Il reconnaist Melinte & Clitimant.

Helas? que voy-ie icy Melinte, Clitimant,
Estes-vous les autheurs de ce rauissement.

ACTE V.

SCENE VII.

Persidas, Clitimant, Florigene, Clorange, Melinte, Rozandre, Melize, Delphire.

Persidas.

R*Etire toy Berger,*

Clitimant.

Oste toy, Florigene,
Si tu ne veux sentir les effets de ma haine.

Florigene.

Traistres vous sentirés irritant mon courroux.
Que la mienne iamais ne marchēt sans les coups.

Ils ſe battent.

Clorange ſort de ſa grotte.

Quel tumulte, quel bruit, & qu'elle multitude,
Interrompt le repos de cette ſolitude,
Iuſtes Dieux! quel ſpectacle & quel cruel esbat.
Icy trois contre deux s'attachent au combat,
Il faut qu'eſtrangement la fureur les ſurmonte,
Car ta terre en rougit & de ſang & de honte,
Preuenons ce deſordre autrement c'eſt peſcher,
De laiſſer faire vn mal quand on peut l'empeſ-
cher,
Meßieurs que'elle fureur, ou pluſtoſt qu'elle
rage,
Maiſtriſe vos eſprits & dompte vos courages.

Rozandre.

Va cauſer loing d'icy.

Perſidas.

Dieux? qu'eſt-ce que ie voy,
Eſtes-vous pas Clorange, eſtes-vous pas mon
Roy.

Clorange.

Eſt-tu ce Perſidas, à qui durant la guerre,
Ie donnay ce que i'eus de plus cher ſur la terre,

Clitimant.

Infidelle suiet, malheureux Persidas,
C'est moy qui suis ton Roy, reconnais Alcidas.

Rozandre.

As! ie vous reconnais Prince vnique en merite,
Et cette Bergere, est vostre sœur Crisolite,
Qui fut prise en Elide, en l'aage de trois ans,
Et que vous alliés perdre, en vos feux incōstants.

Melize.

L'on m'a tousiours caché les autheurs de mon estre,
Et n'ay sceu rien encor de ceux qui m'ont fait n'aistre,
Si non que la Bergere, à qui i'estois icy,
Vn iour auant sa mort, me tient ce discours-cy,
Ma fille, maintenant que la cruelle Parque,
M'a desia mis vn pied dans l'infernalle barque,
Ie te veux descourir, vn secret important,
Qui possible rendra ton esprit bien content,
Scache donc mon enfant, que tu n'est point ma fille,
Le Ciel, t'a fait sortir de Royalle famille,
Prens cette bague cy, bien-tost le temps viendra,

Qu'en la reconnaissant on te reconnaistra,
Mais voyant que cela m'esleuoit le courage,
Elle ne voulut point m'en dire d'auantage.

Clitimant.

Preste, preste la moy, monstre la seulement,
Ie ne peux rien cõnaistre, & te rẽd ton diamant.

Rozandre.

Que ie la voye vn peu, donne, donne Melize,
Ie n'y voy rien non plus que le nom d'Arthemise.

Clorange.

Arthemise bons Dieux! ce nom doux & charmant,
Me fait ressouuenir de mon premier tourment,
Persidas c'est celuy que me donna la Reyne,
Alors qu'elle quitta cette despouille humaine,
Et que ie mis aux doigts d'vne fille de Roy,
Que de certains voleurs amenerent chez moy.
Et vostre Pere alors fit auecques ses armes,
Des mers en Arcadie & de sang & de larmes,
Il me depossed a de ce throsne ou i'estois,
Et vins en cet habit me cacher en ce bois.

Rozandre.

Mon Prince, asseuremẽt c'est son mesme visage,

Perſidas.

Ie l'apportay nourrir, moy-meſme en ce vilage,
Auecques cette bague.

Clitimant.

Eſt-ce toy chere ſœur,
Suis-ie ton frere ayant eſté ton rauiſſeur.

Melinte.

Amour ie ſuis perdu, cette reconnaiſſance,
Deſtruiſant mes deſſeins trahir mon eſperance.

Rozandre.

Ieune Prince excuſez nos tranſports furieux.
Et ſi nous vous auons meſconnu dans ces lieux.

Perſidas.

Nous auons bien dequoy voſtre colere abbatre,
Le Royaume de Sparte eſt à vous ſans combatre,
Leur Prince ayant appris que nous eſtions ſans Roy,
Penſoit de prime abord nous reduire à ſa loy,
Mais il perdit ſon ſceptre enfin par ſa conduitte,
Et ne ſceut recouurer de ſalut qu'en la fuitte.

Clitimant.

Cette nouuelle amis, prolonge voſtre ſort,
Et voſtre aueuglement euſt cauſé noſtre mort.

Clidor & Orante pareſſent.

ACTE V.

SCENE VIII.

Clidor, Orante, Clorange, Persidas, Florigene, Delphire, Melize, Clitimant, Melinte, Rozandre.

Clidor.

ORante qu'elle troupe est auec Florigene,
Cela m'estonne fort & i'en suis bien en peine.

Orante.

Clidor, approchons nous.

Clidor.

O Dieux? voila celuy
Qui me donna l'enfant & ie le pris de luy,
Ie m'en vais luy monstrer ces chaisnes de remarque,
Et lui faire connaistre enfin qu'il est Monarque,

Il parle à Persidas.

Ne cõnaissez vo⁹ plus ce bõ vieillard, Seigneur,

A qui par le passé vous fistes tant d'honneur,
Ne vous souuient-il plus que durãt cette guerre,
Que le Prince d'Elide à faite en cette terre,
Vous me mistes vn iour vn enfant en mes mains,
Ces ioyaux plus que vous en seront-ils certains.

Clorange.

Clorange fortuné, que tes ioyes sont grandes,
Le Ciel te donne icy plus que tu ne demandes,
Persidas, si tu veux me rendre satisfaict,
Demande à ce vieillard, ce qu'il en aura faict.

Persidas à Clidor.

Depuis vn si lõg-temps, qu'est deuenu ce Prince.

Clidor.

Il vit comme vn Berger, dedans cette prouince,
Et si vous desirés le reconnaistre mieux,
C'est celuy que ie tient et qui s'offre à vos yeux.

Persidas.

Cét aymable Pasteur, encor dans sa ieunesse,
A ie ne sçay quels traits qui sentent sa noblesse.

Clorange.

Pour connaistre mon fils, ie ne veux qu'vn moment,
Vne fleur sur son bras parest euidemment,

Florigene.

Dõc ce peut-estre moy, i'ai cette fleur emprainte,
Iustement sur le bras.

Clorange.

As? Dieux que i'ay de crainte,
Qu'il ne soit pas mon fils.

Persidas.

Pour finir son ennuy,
Berger approche toy,

Clorange.

Ie le connais, c'est luy,
Mon vnicque support, appuy de mon vieil âge,
Et comment as-tu peu t'exempter de l'orage.

Florigene.

Est-ce vous bon vieillard à qui ie dois le iour,
Et qui me tesmoignés tant de preuues d'amour.

Clorange.

Persidas dans cét heur que le Ciel nous enuoye,
Vn seul point reste encore à couronner ma ioye.

Persidas.

Vous retrouués vn fils, que desirés vous plus,
Et pourquoy faites-vous ces regrets superflus,

Clorange.

Eliane perduë est-ce qui plus m'afflige,
Et cette fille vnicque à la plaindre m'oblige.

Delphire.

Eliane, ah? bons Dieux, ie me souuiens icy,
Que durant mon enfance on m'appelloit ainsi;
Mais lors que i'eus perdu ma nourrice Philire,
Les Bergers de ces lieux me nõmerent Delphire,
On m'a tousiours caché ma naissance, il faut voir,
Si i'en puis auiourd'huy la verité sçauoir,
Qu'on ne regrette plus, Eliane perduë,
Le destin fauorable, auiourd'huy la renduë,
C'est moy qu'on nomme ainsi.

Clorange.

Las pitoyables Dieux?
Pouroit-il estre vray, mais ie le croiray mieux,
Si ie vois en son bras, la marque de son frere,
Tous deux l'ont apportée, en sortant de la mere.

Clorange la reconnaissant.

C'est elle en vn moment, tu vois asseurement,
Tout ce que tu perdis en vn autre moment.

Florigene.

Melize, mais plustost Princesse Crisolite,

Permettez que i'accuse icy vostre merite,
Vostre amour autrefois, fut constante pour moy,
Mais vostre cœur aussi ne garda pas sa foy,
Cette lettre m'apprit, que vous estiés changée,
Et qu'vn autre à l'aymer, vous auoit obligée.

Melize.

Et cette si m'apprit que vous estiés changé,
Et qu'vne autre à l'aymer, vous auoit obligé.

Florigene.

Voicy celle qu'Orante, exigea par contrainte,
Et qui ne luy donna que des suiets de plainte.

Melize.

Voicy celle de Melinte, ou tes yeux ont appris,
Que mon ame pour toy n'auoit que des mespris.

Delphire.

Pour rendre Florigene, à mon amour sensible,
I'eusse fait encor plus, s'il m'eust esté possible,
Ie les eus toutes deux assés subtilement,
Et ma main contrefit le dessus seulement.

Melinte à Melize.

Excusés mon amour, Princesse incomparable,
On ne sçauroit aymer que ce qu'on voit d'ay-
mable,

Delphire.

En faueur de l'amour que sõ cœur eut pour moy,
Donne luy ce pardon.

Melize.

Delphire asseure toy,
Que son aueugle erreur ne m'a point animée,
Et quoy le dois-ie haïr, pour m'auoir trop aymée.

Florigene.

Voyez donc que ie suis cõstãt iusqu'au trépas.

Melize.

Ne dictes plus außi, que mon cœur ne l'est pas.

Clorange.

Estant égaux tous deux enfin le Ciel ordonne,
Que l'hymen entre vous partage sa Couronne.

Clitimant.

Enfin c'est trop tenir l'iniustice en ces lieux,
Grand Prince moins aymé des hommes que des Dieux,
Ie rends à vostre fils le Sceptre d'Arcadie.
Pourueu qu'à ma douleur vostre main remedie,
Et puis que l'hymen ioint Florigene à ma sœur,
Que d'Eliane außi ie sois le possesseur.

Clorange.

Ieune Prince croyez auec toute asseurance,
Que c'est l'vnique but, ou tend mon esperance.

Melinte.

Orante sois aussi conforme à mes desirs,
Et qu'vn nœud legitime augmente nos plaisirs.

Orante.

Berger ma volonté n'est autre que la tienne,
Et ta seule franchise asseruira la mienne.

Clidor.

Dieux que ce triple hymen receuant ses liens,
Nous offre d'esperance & qu'il promet de biens.

Clorange.

Amants, ne craignés plus la tempeste est passée,
Allegés les tourments de vostre ame blessée,
Et qu'on n'entende plus, dans ces lieux d'alentour,
Que des souspirs de ioye et des plaintes d'amour.

FIN.

Extraict du Priuilege du Roy.

PAr Priuilege du Roy, donné à Paris le 3. iour de Feurier, l'an de grace 1634. Signé Simon & ſcellé. Il eſt permis à IEAN CORROZET, marchand Libraire à Paris, d'imprimer ou faire imprimer & mettre en vente vn Liure intitulé, *La Melize Paſtorale Comique, dediée à Madame de Montbazon, par le Sieur du Rocher.* Faiſant deſfences à tous Imprimeurs & Libraires d'imprimer ou faire imprimer, vendre ny debiter ledit Liure ſans le conſentement dudit Corrozet, durant le temps de ſix ans, ſur peine aux contreuenans de cinq cens liures d'amende, de tous deſpens, dommages & interets, & de confiſcation deſdits exemplaires, comme il eſt plus amplement contenu en l'original dudit Priuilege.

www.ingramcontent.com/pod-product-compliance
Lightning Source LLC
LaVergne TN
LVHW020022170826
845678LV00001B/89

* 9 7 8 2 3 2 9 7 7 5 6 3 0 *